Können, was kommt: Mit angewandter Improvisation durch unsichere Zeiten

Anne Diedrichsen

Können, was kommt: Mit angewandter Improvisation durch unsichere Zeiten

Wie Unternehmen vom Jazz lernen und Improvisation als Schlüssel zur Zukunftsfähigkeit nutzen können.

Anne Diedrichsen
Felde, Deutschland

ISBN 978-3-658-49169-7   ISBN 978-3-658-49170-3 (eBook)
https://doi.org/10.1007/978-3-658-49170-3

Die Deutsche Nationalbibliothek verzeichnet diese Publikation in der Deutschen Nationalbibliografie; detaillierte bibliografische Daten sind im Internet über https://portal.dnb.de abrufbar.

Springer Gabler ist ein Imprint der eingetragenen Gesellschaft Springer Fachmedien Wiesbaden GmbH und ist ein Teil von Springer Nature.
Die Anschrift der Gesellschaft ist: Abraham-Lincoln-Str. 46, 65189 Wiesbaden, Germany

Vorwort

Auf das Thema, Improvisation aus dem Jazz auf den Unternehmenskontext zu übertragen, wurde ich ganz zufällig in einer Vorlesung während meines BWL-Masters aufmerksam. Als ich das Programm durchblätterte, fiel mir ein Titel auf, der von angewandter Improvisation handelte und davon, wie das Mindset in Unternehmen genutzt werden kann. Ohne es zu wissen, hatte ich den Schlüssel gefunden, mit dem ich meine Leidenschaft für Jazz und mein begonnenes BWL-Studium verbinden konnte. Von diesem Moment beschäftigte ich mich damit, was wir generell und Unternehmen insbesondere aus dem Jazz für ein besseres Miteinander und den Umgang mit Unsicherheit lernen können.

Denn an immer mehr Stellen zeigt es sich. Immer mehr Menschen fühlen es. Es muss sich etwas ändern. So, wie wir bisher gehandelt haben, kann es nicht mehr weitergehen. Wir müssen Verantwortung übernehmen. Wir müssen das Miteinander leben und in den Vordergrund stellen. Das Miteinander in Familien, mit Freunden, im beruflichen Kontext, unter uns Menschen allgemein. Und mit unserer Umwelt.

Wir werden die Herausforderungen, vor denen wir stehen, nur mit vereinten Kräften und dem Zusammenwirken unserer Potenziale meistern. Oder noch besser: gestalten. Herausforderungen wie Unsicherheit und Unvorhersehbarkeit, Umstände, die sich innerhalb kürzester Zeit ändern, Wirkungssysteme und Zusammenhänge, die immer komplexer und systemischer werden, betreffen uns alle – Einzelpersonen und Unternehmen.

Für Unternehmen liegt meiner Meinung nach ein Schlüssel für nachhaltigen Erfolg darin, innovativ zu sein. In vielerlei Hinsicht. Und Innovation erfordert Mut. Mut zu Fehlern, Offenheit und für neue Wege. Wenn wir

Wachstum erlangen möchten, brauchen wir ein Umfeld, in dem Menschen sich trauen, zwischenmenschliche Risiken einzugehen. Dafür müssen sie sich sicher fühlen. Und Menschen sollten die Fähigkeit erlernen bzw. schärfen, Sicherheit im Umgang mit Unsicherheit zu erlangen.

Was hat Improvisation mit diesem Thema zu tun? Das Mindset Improvisierender, das später ausführlich beschrieben wird, vereint genau diese Komponenten: Psychologische Sicherheit, eine offene Fehlerkultur, andere glänzen lassen und das eigene Ego zurücknehmen, entstehen lassen im Moment, annehmen was ist und darauf aufbauen, in Unsicherheit handlungsfähig bleiben.

Dieses Buch soll dabei helfen, einen Weg zu zeigen, wie ein Miteinander aussehen kann. Ein Miteinander, das Teams zu High Performance Teams werden lässt. Ein Miteinander, bei dem sich alle Beteiligten gesehen und wertgeschätzt fühlen. Ein Miteinander, das Unternehmen langfristigen Erfolg sichert und dabei einen Mehrwert schafft.

Das Buch ist allerdings keine Partitur für die Implementierung von angewandter Improvisation in Unternehmen. Es ist vielmehr ein Leadsheet, eine Inspiration, eine Vorstellung von Lösungsansätzen und Impulsen. Es soll zum Nachdenken und Ausprobieren anregen, Aha-Momente erzeugen und „den Stein ins Rollen bringen". Würde ich eine Schritt-für-Schritt-Anleitung geben, würde ich dem Ansatz der Improvisation widersprechen – situativ, flexibel und auf dem aufbauen, was bereits da ist. Der Weg wird für jedes Unternehmen individuell sein und sich im Gehen entwickeln.

Für eine bessere Lesbarkeit verzichte ich auf die gleichzeitige Verwendung der Sprachformen männlich, weiblich, divers. Es wird das generische Maskulinum verwendet, wobei alle Geschlechter gleichermaßen gemeint sind.

Und noch ein Hinweis für Wenig-Zeit-Haber und Überflieger:
Dieses Buch richtet sich an Menschen, die meist wenig Zeit zum Lesen haben. Also stellte ich mir die Frage, wie man das Buch als „Überflieger"-Variante lesen kann. Daraus entwickelte ich eine Abkürzungsmöglichkeit. Wer einen schnellen Überblick bekommen möchte, sollte mit den Abstracts am Anfang des Kapitels, den Abschnitten „kurz und knapp" und dem Kapitel „Reprise", einer Kurzzusammenfassung, gut bedient sein. Wo man Genaueres erfahren möchte – einfach direkt im Kapitel einsteigen.

Um Frustration bei den Ungeduldigen zu vermeiden: „kurz und knapp" bietet nicht immer sofort eine Lösung. Es gibt elementare Prinzipien, die an verschiedenen Stellen im Buch behandelt werden und in den einzelnen Kapiteln aus unterschiedlichen Perspektiven beleuchtet werden. Sie sind der rote Faden, der sich durch das Buch zieht – Lösungsansätze finden sich am Ende.

Die Hauptprinzipien sind: „ja und …“, Kommunikation und Miteinander, Fehlerkultur und psychologische Sicherheit, Vertrauen und Verantwortung, Umgang mit Unsicherheit sowie Strukturen als Spielfeld.

Und für diejenigen, die etwas Zeit mitbringen, bieten die „kurz und knapp“ Abschnitte eine Zusammenfassung mit den wichtigsten Punkten am Ende der Kapitel.

Unter uns: Dieses Buch selbst ist eine einzige Improvisation. Das Ziel stand fest, ebenso wie der Rahmen und einige Vorgaben. Und dann war da sehr viel Freiraum. Hatte ich mir anfangs einen ganz klaren roten Faden überlegt und war mir sehr sicher, was in dieses Buch sollte, welche Struktur und welchen Aufbau ich verfolgen wollte, habe ich auf dem Weg immer wieder verändert, angepasst, hinterfragt, ausprobiert, verworfen, iteriert. So manches Mal habe ich mich gefragt, was das werden soll und wofür ich das mache. Ich wollte das Ziel erreichen – die Abgabe des Manuskriptes – und habe dabei manchmal fast mein eigenes Mindset vergessen. Der Prozess ist das Ziel. Das Thema braucht für mich genau diese Art des Entstehens. Ich bin frei in dem, was ich weitergeben möchte und wie ich es gestalte – neu denken, Risiken eingehen, hinterfragen, nachjustieren.

Sehr interessant, wie ein neues Umfeld (es ist das erste Buch, das ich geschrieben habe), mich kurz in Unsicherheit stürzte und ich mein Mindset, das ich schon seit Jahrzehnten lebe, für diese Aufgabe nicht greifbar war. Ein sehr spannender Aspekt, den ich über mich und über den Übertrag von Fähigkeiten auf neue Umfelder gelernt habe.[1] Wenn ich unsicher bin und nicht genau weiß, welche Spielregeln gelten, brauche ich länger bzw. fällt es mir schwerer, auf mein volles Potenzial zuzugreifen und so offen, kreativ und frei zu sein, wie ich es eigentlich bin. Ich war anfangs auf der Hut und hatte Bedenken, etwas falsch zu machen. Folglich war ich viel zu fest und zu sehr im Kopf, anstatt auf meine Intuition zu hören und mir selbst zu vertrauen. An dieser Stelle geht ein großer Dank an die Menschen in meinem Umfeld, die mir durch (liebevoll provokative) Fragen geholfen haben, meinen Weg wiederzufinden und die Bretter von meiner Stirn zu lösen.

Da das Thema des Buches von der Musik inspiriert ist, ist auch der Aufbau an ein typisches Jazzstück angelehnt: Intro – Thema – Solo Nummer 1 – Solo Nummer 2 – Reprise – Outro.

Viel Freude und inspirierende Aha-Momente wünsche ich – und jetzt wird eingezählt …

Felde, Deutschland   Anne Diedrichsen

---

[1] Bei der Erstellung dieses Buches nutzte die Autorin partiell KI als Recherche-Tool. Sie überprüfte und bearbeitete den Inhalt nach Bedarf und übernimmt die volle Verantwortung für den Inhalt des veröffentlichten Buches.

Inhaltsverzeichnis

Über die Autorin

Anne Diedrichsen ist Head of Creativity. Sie ist diplomierte Jazz-Schlagzeugerin und Musikpädagogin, Organisationsentwicklerin, Speakerin, Agile Coach, Transformation Consultant und dreifache Mutter. Eine kreative Mischung, die für disruptives Neudenken und Hinterfragen, sowie ein inspirierendes Miteinander steht. Was macht Anne aus? Neugierde, vernetzendes Denken, Hinterfragen, Begeisterungsfähigkeit – dazu eine anständige Prise nordischen Humors. Ihre langjährige Erfahrung im Jazz (seit 2008 selbstständige Musikerin), ihr pädagogischer Hintergrund („Wie vermittle ich Wissen?") und ihr wirtschaftliches Know-how aus dem BWL-Studium und der Ausbildung zum Agile Coach greifen ineinander und bieten eine einzigartige Kombination.

Anne Diedrichsen lebt Improvisation und kann anschaulich vermitteln, wie sich ihre Prinzipien, besser gesagt das Improvisations-Mindset, in den Unternehmenskontext übertragen lassen.

1

Intro.

Führt in das Musikstück ein, erzeugt die gewünschte Stimmung,
weckt Interesse und baut Spannung auf.

Zusammenfassung Wenn wir uns in einer Zeit befinden, die von schneller Veränderung, Komplexität und Unvorhersehbarkeit geprägt ist, warum lernen wir dann nicht von Experten, die sich beruflich in solch einem Umfeld bewegen? Finden wir heraus, was wir, was Unternehmen aus dem Jazz lernen können. In diesem ersten Kapitel gibt es eine Kurzeinführung in das Thema angewandte Improvisation. Was ist überhaupt darunter zu verstehen? Worin liegt ihr Nutzen auf Teamebene und auf Organisationsebene? Warum sind starke Teams ein Schlüsselfaktor?

Zeit für Veränderung.

Die Welt hat sich schon immer verändert. Unser Zusammenleben auch. Warum also ist es jetzt an der Zeit für Veränderung? Ist sie nicht fließend und fortwährend?

Auch wenn sich die Welt um uns schon immer im Wandel befand und einige der Neuerungen für die Menschen der jeweiligen Zeit vermutlich sehr einschneidend, unberechenbar und unvorhersehbar gewesen sein mögen, wirkt es so, dass die Abstände, in denen solche Wandlungen auftreten, kürzer werden. Hinzu kommt, dass Wirkungszusammenhänge und Wechselwirkungen kaum noch vorherzusehen und zu überblicken sind – sie zeigen sich vielmehr als ausgesprochen komplex und ambivalent. Dieses Umfeld wird schon seit Mitte der Neunziger als VUCA-Welt bezeichnet. Auch wenn der Begriff also schon einige Jahre im Gebrauch ist und vielen

A. Diedrichsen, *Können, was kommt: Mit angewandter Improvisation durch unsichere Zeiten*, https://doi.org/10.1007/978-3-658-49170-3_1

nicht mehr ganz neu scheint, ist er für das heutige Umfeld vom Grundgedanken noch passend: Volatilität, Unsicherheit, Komplexität und Mehrdeutigkeit prägen noch immer unsere Welt. Die Erscheinung ist nicht neu, jedoch haben sich die Ausprägung und die Amplitude, die Zyklen und die Intensität verändert.

Bleibt etwas im Stillstand, ist es meist dem Untergang geweiht. Und dennoch ist es nicht überraschend, dass eine mögliche Reaktion auf diesen, vielleicht auch nur subjektiv empfundenen, „Veränderungssturm" das Festhalten an alten Mustern und Strukturen ist. Es bedeutet in einigen Fällen sogar die Rückkehr in noch engere und regulierendere Strukturen. So lässt sich auch jetzt beobachten, dass teilweise noch mehr Regeln aufgestellt werden und der Handlungsrahmen noch enger gesteckt wird. Vielleicht ist der Gedanke dahinter, dadurch Sicherheit zu geben und zu bekommen. Je mehr geplant, vorgegeben und kontrolliert wird, desto mehr Halt, Schutz und Vorhersehbarkeit gibt es – zumindest vermeintlich. Strukturen zum Festhalten, Regeln zum Befolgen, Listen zum Abarbeiten – dies alles soll das Gefühl vermitteln, einen Überblick zu haben, alles richtig gemacht und alles Mögliche getan zu haben. Doch gleicht dieses Vorgehen nicht dem Versteckspiel eines Kindes, das die Augen schließt und meint, nicht gesehen zu werden? Wird nicht einfach weggesehen von dem, was hinter den Regeln lauert und sich nicht in Listen und Strukturen stecken lässt? Bleibt nicht ein diffuses Gefühl, das sagt: „Da ist noch etwas", die Angst vor dem Unvorhersehbaren? Wie wäre es, stattdessen Fähigkeiten zu erlernen, die **Sicherheit im Umgang mit Unsicherheit** geben?

Dies kann wirkliche Sicherheit geben und langfristig dazu führen, gelassen und neugierig im Umgang mit Unsicherheit zu werden. Wenn wir die Gewissheit erlangen, Unvorhergesehenes meistern, flexibel auf neue Umstände reagieren und darin bestenfalls sogar agieren und selbst gestalten zu können, dann verliert die Unvorhersehbarkeit immer weiter an Bedrohlichkeit. Wir lernen sie zu nutzen und mit ihr zu spielen. Vielleicht sollten wir anerkennen, dass **Unsicherheit und Komplexität** nicht mehr die Ausnahme, sondern **die Regel** sind. Dies bedeutet, dass es angebracht ist, unser Denken zu ändern – das Denken in Organisationen sowie bei jedem Einzelnen.

Hier setzt Improvisation an. Professionelle Improvisation. Kein, wie es durchaus in unserem Sprachgebrauch üblich ist, negativ behaftetes „Rumwurschteln", Pfuschen oder „fire-fighting". Es geht vielmehr um eine Haltung, ein Mindset und einen professionellen Werkzeugkasten, anhand dessen es möglich wird, gesteckte Rahmen zu erweitern, auszuschmücken und das Bild darin im Moment entstehen zu lassen. Doch was genau verbirgt sich hinter dem Ansatz der angewandten Improvisation?

1.1   Angewandte Improvisation – Kurzintro

Lesern und Leserinnen, die nicht mit dem Jazz vertraut sind, mag der Begriff der angewandten Improvisation vielleicht abstrakt erscheinen. Sätze wie „Jetzt müssen wir wohl improvisieren", werden oft dann benutzt, wenn ein Plan scheitert oder nicht mehr umsetzbar ist. Improvisation steht in diesem Kontext tendenziell für etwas Notgedrungenes und Planloses. Dies hat nichts mit professioneller Improvisation zu tun. Durch meinen Hintergrund als Jazz-Musikerin weiß ich, dass hinter professioneller Improvisation jede Menge Übung, Wissen, Handwerkszeug und Erfahrung steckt. Hinzu kommt die Bereitschaft, kontinuierlich dazuzulernen und offen für neue Wege zu sein.

Barbara Tint und Adam Froerer beschreiben angewandte Improvisation in ihrer Studie für das „Applied Improvisation Network" als den Gebrauch von Prinzipien, Werkzeugen, Fähigkeiten, Übungen und des Mindsets aus dem Improvisations-Theater in einem anderen Umfeld, woraus sich persönliche Entwicklung, Teambuilding, Innovation, Kreativität und/oder Sinn ergeben kann (Vgl. Tint & Froerer 2014). Es handelt sich bei angewandter Improvisation also um ein Zusammenwirken dieser Punkte. Für mich ist das Grundlegende jedoch die Haltung. Wenn das Mindset Improvisierender gelebt wird, dann ergeben sich meiner Meinung nach automatisch persönliche Entwicklung, starke Teams, Kreativität und Innovation.

Kurz und knapp.

Meine TOP 3 Prinzipien der angewandten Improvisation

- **Ja, und …**
  statt ja, aber. Bedeutet anzunehmen was ist und darauf aufzubauen.

- **Andere Glänzen lassen**
  Das eigene Ego zurücknehmen und andere unterstützen. Es geht um das gemeinsame Ziel.

- **Fehler feiern**
  Es braucht eine offene Fehlerkultur und das Vertrauen, Fehler machen zu dürfen.

Diese drei Grundsätze gehen mit weiteren Prinzipien einher, die später in Abschn. 2.2 ausführlich beschrieben werden.

1.2   Warum angewandte Improvisation für Unternehmen wichtig ist

Improvisation ist nicht das Allheilmittel für jegliche Herausforderungen in Unternehmen. Doch den Ansatz auf den Unternehmenskontext zu übertragen, trifft den Zahn der Zeit. Denn Improvisation greift zentrale Themen auf, mit denen sich Organisationen heutzutage intensiv beschäftigen: Wie gehen wir mit Unsicherheit um? Wie ermöglichen wir echte Innovation? Wie etablieren wir eine konstruktive Fehlerkultur und gestalten Zusammenarbeit neu?

Genau hier setzt Improvisation an – nicht als Konkurrenz zu Ansätzen wie SCRUM, Design Thinking oder generell Agilität, sondern als kraftvolle Ergänzung. Die Prinzipien sind teilweise verwandt: iteratives Vorgehen, Fokus auf Zusammenarbeit, Mindset vor Methode. Was Improvisation jedoch besonders macht, ist der direkte Zugang zu Haltung, Kommunikation und dem Gestalten im Moment.

Improvisation bringt Teams in Bewegung – nicht abstrakt, sondern konkret. Sie schafft Erfahrungsräume, in denen Veränderung ausprobiert, Dialog auf Augenhöhe geübt und neue Formen von Führung und Teamdynamik erprobt werden können. Und genau das ist es, was Unternehmen heute brauchen: keine weitere Theorie, sondern Methoden, die Kulturentwicklung und Transformation greifbar und wirksam unterstützen.

Das Thema Improvisation im Organisationskontext betrifft zwei Bereiche: zum einen das Miteinander, die Teams, die Menschen, zum anderen die Ausrichtung und die Existenz des Unternehmens. Vor welchen Herausforderungen stehen viele Unternehmen? Was prägt das Umfeld?

Fachkräftemangel, hohe Krankenquoten, hohe Fluktuation. Probleme, mit denen sich viele Unternehmen konfrontiert sehen. Laut ifo Institut litten 36,3 % der deutschen Firmen im März 2024 an Fachkräftemangel. Vor diesem Hintergrund ist klar, dass es immer wichtiger wird, dass die Mitarbeitenden sich wohlfühlen und ihrem Unternehmen treu bleiben. Die Prinzipien der angewandten Improvisation sind meines Erachtens eine Blaupause für ein wertschätzendes Miteinander. Ein Miteinander, das Sicherheit gibt, um Risiken einzugehen. Keine kopflosen Risiken, sondern zwischenmenschliche Risiken – eine Atmosphäre, die Amy Edmondson als **„psychologische Sicherheit"** beschreibt (Vgl. Edmondson 2020, S. 20). Das Improvisations-Mindset fördert psychologische Sicherheit. Und psychologische Sicherheit ist ein Grundstein für Improvisation. Google fand in einer Studie, dem „Project Aristotle" heraus, dass psychologische Sicherheit bei Google der Schlüsselfaktor für erfolgreiche Teams ist und dass Mitarbeitende in einem Team mit einer höheren psychologischen Sicherheit seltener kündigen (Vgl. Google re:work. o.J.a; Rozovsky 2015). Wenn wir davon ausgehen, dass das Improvisations-Mindset psychologische Sicherheit fördert, kann es also zur **Mitarbeiterbindung** beitragen.

Kurz und knapp.

Nutzen von angewandter Improvisation auf Teamebene

- **Agilität und Flexibilität fördern**
  Improvisation stärkt die Fähigkeit von Teams, schnell und effektiv auf unerwartete Herausforderungen zu reagieren.

- **Kommunikation verbessern**
  Improvisationstechniken fördern aktives Zuhören und ein besseres Verständnis der Perspektiven anderer. Dies stärkt die Zusammenarbeit.

- **Kreativität steigern**
  Teams lernen, innovative Lösungen zu entwickeln, indem sie sich von starren Denkstrukturen lösen und spontanen Ideen Raum geben.

- **Psychologische Sicherheit**
  Die Prinzipien der Improvisation stärken das Vertrauen im Team und ermutigen so zu Experimentierfreude und einer offenen Fehlerkultur.

Gerade Unternehmen, die in Märkten angesiedelt sind, die rasanter Veränderung und/oder großer Unvorhersehbarkeit ausgesetzt sind, müssen flexibel, anpassungsfähig und innovativ sein. Nur so bleiben sie konkurrenzfähig und können wirtschaftlich überleben.

Das Wort improvisieren leitet sich von dem lateinischen improvisus ab. Es setzt sich zusammen aus der verneinten Form (Vorsilbe „im") des Wortes providere. Providere bedeutet „vorhersehen". Durch die Verneinung ergibt sich die Bedeutung „unvorhergesehen". Professionell zu improvisieren bedeutet demnach, professionell mit Unvorhergesehenem umzugehen. Improvisation ist das Gegenteil vom starren Festhalten an Strukturen und Mustern, die in anderen Kontexten und unter anderen Voraussetzungen entstanden sind. Sie ist weit davon entfernt zu behaupten, die Zukunft und die Gegenwart anhand der Vergangenheit kontrollieren zu können (Vgl. Tyler & Tyler 1990, S. X, zit. n. Weick 2002, S. 53). Vielmehr ist Improvisation die Kunst, im Moment entstehen zu lassen und diesen zu gestalten. Das, was ist, anzunehmen und darauf aufzubauen. Durch den besonderen Umgang mit (vermeintlichen) Fehlern, dieser Offenheit und genau diesem Zusammenwirken all dieser Prinzipien, ist **Improvisation** ein **Garant für Innovation**.

Mittlerweile gibt es fast kein Unternehmen mehr, das nicht in einem VUCA-Umfeld agiert. Improvisation wird in Unternehmen bisher jedoch oft im Reparaturmodus angewandt. In Situationen, in denen etwas nicht wie geplant funktioniert, etwas akut schiefläuft – gerne in Kombination mit (Zeit) Druck. Es wird dann meist aus dem Stand, ad hoc und planlos improvisiert. (Vgl. Dell, 2012, S. 203) Interessant wird es hier, konstruktiv mit den Gegebenheiten umzugehen und das Spannungsfeld zwischen dem „Sicherheitsbedarf durch Planung auf der einen Seite und der real existierenden Erfahrung der Unsicherheit auf der anderen Seite" (Dell, 2012, S. 204) zu gestalten. Wird Improvisation als eine Art „Leitfaden" oder wie Dell sagt, als Handlungsmodell gesehen, ermöglicht dies einen Perspektivwechsel und die Fähigkeit, offen auf Situationen zu blicken. Worin können Chancen und Potenziale liegen? Welche Möglichkeiten ergeben sich?

Kurz und knapp.

Nutzen von angewandter Improvisation auf Organisationsebene

- **Fehlerkultur**
  Fehler werden als Chance zum Lernen gesehen und können offen kommuniziert werden. Dadurch können Folgefehler und Wiederholungen vermieden werden.

- **Innovation**
  Durch den Mut, Neues auszuprobieren und Risiken einzugehen und durch den Perspektivwechsel und die Integration spontaner Ideen und Impulse, wird Innovation möglich.

- **Gestalten statt reagieren**
  Auf Gegebenheiten aufbauen und nach vorne gehen, anstatt fire-fighting zu betreiben.

- **Anpassungsfähigkeit**
  Flexibles Reagieren, nachjustieren, offen für Veränderungen sein.

- **Schnell auf neue Gegebenheiten einstellen**
  und die Potenziale darin erkennen. Lösungen suchen, statt sich im Problem zu wälzen.

- **Resilienz aufbauen**
  Teams mit einem Improvisationsmindset bleiben auch in Krisen handlungsfähig. Sie erlernen Sicherheit im Umgang mit Unsicherheit.

Improvisation ist nicht in jedem Umfeld und nicht in jeder Situation angebracht. Das Impro-Mindset ist jedoch eine Grundhaltung, die so gut wie immer passt. Spannend wird es also herauszufinden, was Umfelder und Einsatzgebiete sind, in denen Improvisation zu mehr Performance führen kann und welche Systeme sich besonders eignen, Improvisation zu integrieren und mit ihr zu arbeiten.

1.3   Warum wir starke Teams brauchen

Was bedeutet eigentlich „starke Teams"? Was macht starke Teams aus? Für mich ist ein starkes Team ein Team, in dem sich alle einbringen können, gehört werden und Gelegenheit bekommen, ihr Potenzial zu entfalten. Mitglieder nehmen sich gegenseitig an und respektieren sich. Sie wissen um ihren eigenen Kompetenzbereich und den der anderen, fördern Transparenz und Kommunikation. Es herrscht eine Atmosphäre der Offenheit und der Sicherheit, sodass Gedanken und Bedenken, Emotionen, Fragen und geschehene Fehler geäußert werden können. Ein starkes Team kann sich schnell auf neue Situationen einstellen und arbeitet lösungsorientiert.

Kurz und knapp.

Merkmale starker Teams

- **Psychologische Sicherheit:** Emotionen, Fragen und Fehler können geäußert werden ohne negative Konsequenzen befürchten zu müssen.

- **Gemeinsame Vision:** Es geht um ein gemeinsames, klar kommuniziertes Ziel, nicht um ein einzelnes Ego. Alle ziehen am selben Strang.

- **Lösungsorientierung und Lernbereitschaft:** Es geht nicht um Schuldzuweisungen, sondern um Lösungen, Lernen und Erfahrungen.

- **Verlässlichkeit und Vertrauen:** Die Teammitglieder können aufeinander zählen und sind füreinander da. Mitglieder lassen einander glänzen und unterstützen sich. Sie kennen die eigenen Kompetenzen und die ihrer Kollegen.

- **Klare und offene Kommunikation:** Informationen werden zugänglich gemacht, es wird transparent kommuniziert und auch Unbequemes angesprochen. Dabei bleibt die Kommunikation wertschätzend, sodass Konflikte konstruktiv gelöst werden können.

Wie wir sehen, beschreiben die Merkmale alles andere als Ellenbogen, Egos und höher, schneller, weiter. Denn damit werden wir der wachsenden Komplexität und der zunehmenden Geschwindigkeit mit der Veränderungen eintreten nicht begegnen können. Es braucht **schnelle Anpassungsfähigkeit** und **proaktives Handeln**. Es braucht Miteinander statt Gegeneinander, Unterstützung und Synergie statt Konkurrenz. Vor diesem Hintergrund wird deutlich, wie wichtig Zusammenarbeit ist. Einzelne Personen können der Komplexität nicht mehr Herr werden. Starke Teams und neue Ideen von Organisationen und Führung werden benötigt. Fehler müssen gemacht werden dürfen, Bedenken geäußert und andere Blickwinkel zugelassen und eröffnet werden. Nur so ist es möglich, zu neuen und innovativen Lösungen zu gelangen und alte, nicht mehr dienliche Verhaltensweisen und Strukturen gehen zu lassen.

Literatur

Dell, C., (2012). *Die improvisierende Organisation. Management nach dem Ende der Planbarkeit.* Transcript. Bielefeld.
Weick, K. (2002). *Improvisation as a mindset for organizational analysis.* In: Kamoche, K., Cunha, M., Cunha, J. (Hrsg.): *Organizational Improvisation.* (2002). Routledge. New York. S. 52–72.

Weiterführende Literatur

Edmondson, A., (2020). *Die angstfreie Organisation.* Vahlen. München.
Google re:work. (o.J.a.). *Understand team effectivness.* https://rework.withgoogle.com/en/guides/understanding-team-effectiveness#introduction. Zugegriffen: 04. Januar 2025
ifo Konjunkturumfrage (2024). *Mangel an Fachkräften hat leicht abgenommen.* https://www.ifo.de/fakten/2024-03-20/mangel-fachkraeften-hat-leicht-abgenommen#:~:text=Unter%20Engpässen%20an%20qualifizierten%20Arbeitskräften,sagt%20ifo%2DExperte%20Klaus%20Wohlrabe. Zugegriffen: 04. Januar 2025
Laloux, F. (2015). *Reinventing Organizations. Ein Leitfaden zur Gestaltung sinnstiftender Formen der Zusammenarbeit.* Vahlen. München.
Laloux, F. (2017). *Reinventing Organizations. Visuell. Ein illustrierter Leitfaden sinnstiftender Formen der Zusammenarbeit.* Vahlen. München.
Rozovsky, J. (2015). The five keys to a successful Google team. re:work Blog. 17. November 2015. https://rework.withgoogle.com/blog/five-keys-to-a-successful-google-team/ Zugegriffen: 05. April 2022
Tint, B., Froerer, A. (2014). *Delphi Study Summary.* https://www.appliedimprovisationnetwork.org/assets/docs/Delphi-Study-Summary.pdf. Zugegriffen: 04. Januar 2025

2

Thema.

*Das Thema steht für den Grundgedanken eines Musikstücks – eine zentrale
musikalische Idee. Es dient als Basis für die spätere Improvisation, die Soli.*

Zusammenfassung In diesem Kapitel geht's in die Tiefe: Wir tauchen ein in
die vielschichtige Welt der Improvisation. Sie ist viel mehr als ein Notfall-Tool
oder ein Trick. Sie ist eine wesentliche Kompetenz im Umgang mit Unsicherheit, Komplexität und Veränderung und somit eine grundlegende Fähigkeit
für Menschen und Organisationen im 21. Jahrhundert.

Beginnend mit Improvisation im Allgemeinen und ihren Wurzeln in der
Musik wird im nächsten Schritt gezeigt, wie sich ihre Prinzipien auf moderne
Organisationen übertragen lassen. Wo klassische Planung an Grenzen stößt,
eröffnet Improvisation neue Handlungsräume. Was ist, wenn Strukturen
nicht durch Kontrolle, sondern durch Anpassungsfähigkeit Sicherheit geben?
Wenn Führung bedeutet, Räume für mutige Experimente zu schaffen und
den Bereich zwischen sicherem Auffangnetz und der Grenze zur Überforderung zu gestalten?

Neben der Improvisation werden für modernes Arbeiten zentrale Konzepte
vorgestellt: **Psychologische Sicherheit**, **Agilität** und die **integrale Organisation**. Was sind Parallelen zur angewandten Improvisation und wie können
sich die Konzepte gegenseitig stärken?

Deutlich wird in diesem Kapitel, dass professionelle Improvisation kein
Zufallsprodukt, sondern eine trainierbare Kompetenz und Haltung ist, die
uns dabei hilft, auch in Unsicherheit handlungsfähig und kreativ zu bleiben.

A. Diedrichsen, *Können, was kommt: Mit angewandter Improvisation durch unsichere Zeiten*,
https://doi.org/10.1007/978-3-658-49170-3_2

Sie ist kein Gegensatz zur Struktur, sondern eine Ergänzung, die Organisationen dabei unterstützt, Wandel nicht nur zu managen, sondern aktiv zu gestalten.

Angewandte Improvisation umfasst Prinzipien, Fähigkeiten, Werkzeuge und das Mindset Improvisierender. Wie aber wird Improvisation in unterschiedlichen Zusammenhängen bewertet und eingesetzt? Wo wird sie bisher eingesetzt, bzw. wann bewusst oder unbewusst? Wo professionell, wo als Notlösung? Was sind die Tools, Fähigkeiten und die Grundlagen Improvisierender und was genau macht das Mindset aus?

2.1   Improvisation – Was ist das eigentlich?

Für Improvisation gibt es unterschiedliche Definitionen, die je nach Kontext variieren können. Daneben kann es sehr individuell sein, was Menschen unter dem Begriff verstehen, womit sie ihn verknüpfen und welche Gedanken und Emotionen sie mit ihm verbinden. In Kap. 1 wurde Improvisation bereits vom lateinischen abgeleitet und als „unvorhersehbar" vorgestellt. Also Improvisation als Umgang mit dem Unvorhersehbaren. Dies ist etwas sehr Alltägliches, das jeder von uns kennt und mehrmals täglich tut. Ständig improvisieren wir – z. B. wenn wir Gegenstände umfunktionieren, Pläne ändern, Straßensperrungen ausweichen, Zutaten beim Kochen ersetzen, auf unerwartete Pläne unserer Kinder reagieren oder wenn wir zum ersten Mal ein Buch schreiben. Was sich unterscheidet, ist das Bewusstsein über den Vorgang des Improvisierens. Vielen Menschen fehlt noch „das Bewusstsein dafür, dass es sich hier um eine Wissensform handelt, die technologisiert und instrumentalisiert werden kann" (Dell 2012, S.128). Wir können also zwischen bewusster und unbewusster Improvisation unterscheiden – und zwischen professioneller und „stümperhafter". Außerdem bietet sich die Unterscheidung in geplante und notgedrungene Improvisation an, genauer gesagt: in proaktive und reaktive Improvisation.

Crossan und Sorrenti beschreiben Improvisation als ein von Intuition geleitetes Handeln, das auf spontane Weise erfolgt und unterscheiden dabei verschiedene Stufen von **Spontanität und Intuition** (Vgl. Crossan & Sorrenti, 2002, S. 29). Bezeichnend für Improvisation ist, dass sie im Moment entsteht und nicht vom Kopf, vom Durchdenken, sondern aus der Intuition fließt. Dies bedeutet allerdings keinesfalls, dass einfach irgendetwas geschieht. Die Intuition nährt sich aus jahrelanger Erfahrung, Wissen und Können. Nur deswegen kann in dem Moment, ohne alles zu durchdenken auf jede verfügbare Möglichkeit zurückgegriffen werden. All dies muss verinnerlicht worden

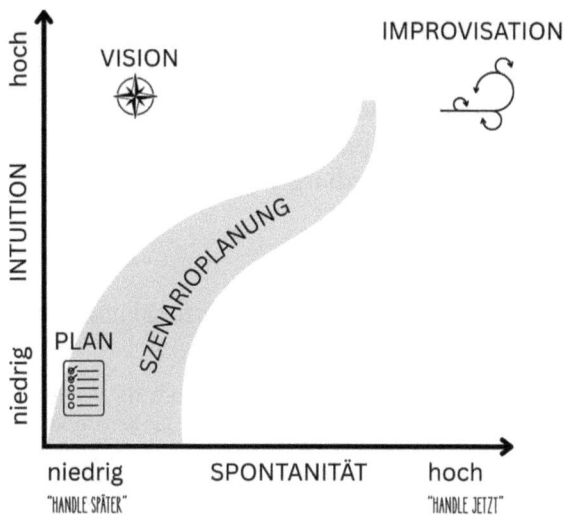

Abb. 2.1 Positionierung von Improvisation. (Quelle: Darstellung nach Crossan & Sorrenti 2002, S. 30)

sein und gleichzeitig die Bereitschaft bestehen, neu zu kombinieren und nicht in alten Mustern zu reagieren, sondern das aufzunehmen, was *jetzt* gebraucht wird. Improvisation ist also in einem Feld hoher Spontanität und Intuition zu verorten. (Vgl. Abb. 2.1).

Geplant wird bei Improvisation also im Moment. Eine spannende Besonderheit, da Planung und Ausführung zeitlich zusammenfallen. Pläne werden nicht lange im Voraus gemacht, sondern es wird im Moment darauf eingegangen, was **jetzt** da ist und gebraucht wird. Das bedeutet nicht, dass es keine Basis dafür gibt. Der Rahmen für die Improvisation kann schon lange vorher gesteckt worden sein. Die Regeln, mit denen der Rahmen ausgefüllt werden darf, ebenso. Dabei kann es unter den veränderten Voraussetzungen natürlich passieren, dass der Rahmen hier und da etwas gedehnt oder angepasst werden muss. Vielleicht ergibt sich auch eine neue Kombination von Werkzeugen, die eingesetzt werden. Improvisation lebt von Flexibilität. Es geht nicht um die Improvisation als Eigenzweck, auch wenn dies bei Gelegenheit passieren darf.

Gerade im unternehmerischen Kontext gibt es oft eine vorab definierte Vision oder ein Ziel. Wir wissen in groben Zügen, wo wir hinwollen und was wir erreichen wollen. Wichtig ist auch hier: Ein weit gefasstes, übergeordnetes Ziel kann bestehen bleiben, auch wenn die Vision gleichzeitig an veränderte Umstände und Gegebenheiten angepasst wird.

Das ist das Spannende und die Möglichkeit, die in der Improvisation liegt. Sie bringt den Moment (das Jetzt), die Erfahrung (die Vergangenheit) und die Vision (die Zukunft) zusammen. Sie verbindet, lässt hinterfragen, neue Perspektiven einnehmen und bannt somit die Gefahr der festgefahrenen Strukturen und Handlungsmuster. Improvisation lässt uns den Blick öffnen und Sachen sehen, die uns bis dahin verborgen geblieben sind.

Ausprobiert.

Eine Übung, die sich leicht im Alltag, allein oder in Gruppen einbringen lässt

- **Entdecke etwa Neues.**
  Blicke durch den Raum und entdecke etwas, das dir vorher noch nicht aufgefallen ist. Eine Farbe, eine Struktur, einen Gegenstand, Licht, Schatten, Geruch ...
  Dabei kannst du dich durch den Raum bewegen oder auch von dem Platz aus schauen, an dem du gerade sitzt. Die Übung lässt sich übertragen auf Dinge, die wir täglich benutzen oder auch auf unsere Mitmenschen – was fällt dir an jemandem auf, das dir bis jetzt verborgen blieb? Ein Schmunzeln, der Gang, ein Armband ... und lässt sich wunderbar damit verbinden, dass es an jedem Menschen etwas gibt, das wir aufrichtig wertschätzen können. Probier's aus – und lass es die Menschen wissen. Daraus können sich sehr spannende Momente und Gespräche ergeben.

Kurz und knapp.

Was sind elementare Bestandteile der Improvisation?

- **Keine Hierarchien**
  Ideen werden gleichwertig behandelt. Rollen werden gewechselt, jeder ist mal Solist und mal „Glänzenlasser". Wie die Aufgaben verteilt werden, entsteht im kontinuierlichen und fließenden Austausch. Angebote werden gemacht, Impulse gesetzt und gegebenenfalls aufgegriffen oder bewusst kontrapunktiert. Die Gruppe ist durchgängig im Dialog und bereit, sich neue Aufgaben, Kooperationen/Verbindungen innerhalb der Gruppe zu suchen. Es braucht von jedem die Bereitschaft abzugeben und an anderer Stelle Verantwortung zu übernehmen.

- **Fehler können passieren**
  Das ist dabei naheliegend. Missverständnisse in der Kommunikation, ein Überdehnen des Rahmens ... Fehler werden in der Improvisation jedoch als Lernquelle genutzt und sind gleichzeitig ein Weg, der zu Innovation führt.

- Fehler können relativ leicht entstehen, da bewusst Risiken eingegangen werden und versucht wird, **Muster und Strukturen** zu **durchbrechen** – anstatt in „weil-es-schon-immer-so-war"-Schleifen verhaftet zu bleiben.

- Dafür liegen den Improvisierenden möglichst **minimale Strukturen** vor, die **maximale Freiheit** und Flexibilität gewährleisten.

2.2 Improvisation in der Musik

Der Begriff Improvisation wird im musikalischen Kontext überwiegend mit Jazz assoziiert. Improvisation ist kennzeichnend für diese Musikrichtung und macht meist den Großteil eines Stücks aus. Im Jazz sind oft nur die Form, Melodie und Akkorde vorgegeben. Diese Vorgaben werden in einem Leadsheet (Vgl. Abb. 2.2) festgehalten.

Hörbeispiel auf YouTube:
https://youtu.be/JjONltbY7-U
Oder scanne den QR-Code

Abb. 2.2 Leadsheet „Warum". (Quelle: Anne Diedrichsen)

In der Regel heißt es: so viele Informationen wie nötig, so wenig wie möglich. So wird maximaler Flexibilität Raum gegeben. Der Ablauf wird oft spontan angepasst, je nachdem, welche Ideen, Stimmungen, Bedürfnisse oder auch welche Intensität gerade angesagt ist. Ein Solo wird meist über die Form, den vorgegebenen Rahmen gespielt. Es passiert also keineswegs irgendetwas. Es wird anhand des vorgegebenen Materials, den Akkorden, über ein Thema, die Melodie, in einem bestimmten Rahmen, der Form, improvisiert. Doch wie dieser Rahmen ausgedehnt wird, wie großzügig interpretiert, experimentiert, sich entfernt und umgedeutet wird – das alles ist frei.

Und so wird nie eine Improvisation wie die nächste sein. Selbst nicht in derselben Besetzung am selben Abend über dasselbe Stück. Diese äußerst reduzierte Form der Darstellung und Vorgabe im Leadsheet lässt den Künstlern ein großes Maß an Freiheit für Interpretation und Gestaltung.

Wie groß dieser Freiraum im Vergleich zu anderen Musikrichtungen ist wird deutlich, wenn man die Noten eines klassischen Musikstücks (Vgl. Abb. 2.3) neben das Leadsheet hält. Schon beim ersten Blick auf das Notenblatt wird klar, dass die Vorgaben in der Klassik sehr eng und die Möglichkeiten zur freien Gestaltung sehr gering sind. Dies zeigt sich beispielsweise daran, dass nicht nur das Tempo, die Dynamik und die Melodie, sondern auch die Art, wie die Akkorde gespielt werden sollen – der Akkordaufbau, auch Voicings genannt – sowie die Artikulation vorgegeben sind. Wird im Jazz viel Platz gelassen, den Ablauf des Stücks spontan zu gestalten, die Form zu öffnen oder anzupassen, ist es in der Klassik üblich, dass Form und Ablauf festgeschrieben sind. Es besteht hier nicht die Möglichkeit, aus dem Moment heraus entstehen zu lassen und für das gleiche Lied immer wieder andere, neue Wege zu finden.

Genau darin liegen beim Improvisieren der Reiz und gleichermaßen die Herausforderung. Etwas Bekanntes immer wieder neu zu betrachten, neugierig und offen zu sein, die Inspiration und Gegebenheiten des Momentes aufzunehmen und nicht in alte, bereits bekannte Muster zu verfallen, nur weil diese vielleicht beim letzten Mal gut funktioniert haben.

Dieser eben beschriebene Gestaltungsspielraum kann in der Improvisation unterschiedlich groß sein. Es gibt mehrere Freiheitsgrade oder Stufen, wobei die Übergänge fließend sind. Von Interpretation über Verzierungen, Variation bis hin zur Improvisation. (Zit. n. Weick 2002, S.55) Die Interpretation bleibt noch sehr eng an der Melodievorgabe. Verzierungen und Variationen sind Gestaltungsmittel, mit denen die Melodie umgeformt und neu modelliert werden kann. Hierbei gibt es viele Abstufungen von leichten Verzierungen, die noch sehr nah an der Melodie sind, bis hin zu Variationen, die die Melodie kaum noch erkennen lassen. Improvisation hingegen geht noch einen Schritt weiter, indem sie etwas gänzlich Neues erschafft. Um eine bes-

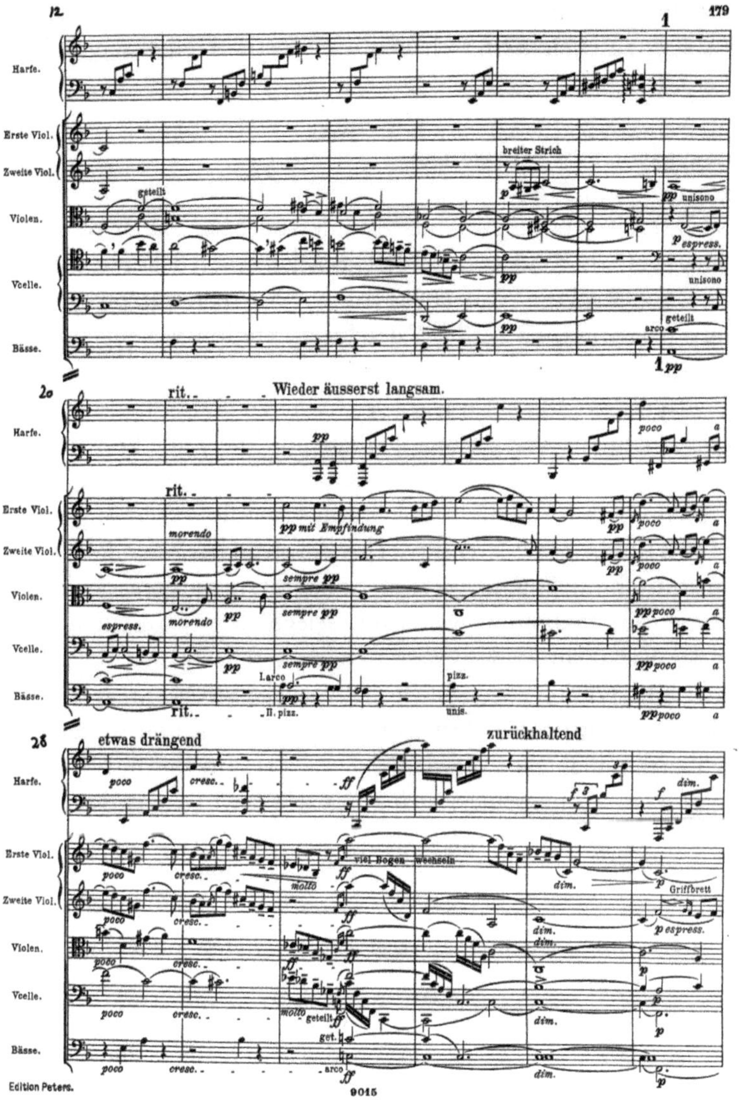

Abb. 2.3 Partitur Auszug von G. Mahler, Symphony No.5, Adagietto, S. 179 (Public Domain/Sibley Music Library)

sere Vorstellung zu vermitteln und die Übertragung auf den Unternehmenskontext später zu erleichtern, schauen wir uns die Freiheitsgrade im Folgenden näher an.

Freiheitsgrade der Improvisation.
Interpretation bedeutet, eine bereits existierende Melodie in einem relativ
eng gesteckten Gestaltungsrahmen wiederzugeben. Ihr wird dabei nicht
Neues hinzugefügt, sondern mit den musikalischen Parametern wie Lautstärke, Timing (wird die Note etwas früher oder später gespielt) und Akzen-
tuierungen gearbeitet. Es wird bei der Interpretation das angenommen, was
da ist und sie durch eine individuelle Note zu etwas Eigenem gemacht, wobei
der Freiheitsgrad der Gestaltung vergleichsweise gering ist.

Der Übergang zur **Verzierung** ist fließend. Die Melodie wird hier groß-
zügiger und offener interpretiert und daneben erweitert, indem sie umspielt
und ausgeschmückt wird. Hierbei bleibt die Melodie weiterhin gut erkennbar.

Wenn sich der Improvisierende noch weiter von der Melodie löst und diese
nicht nur ausschmückt und verziert, sondern sie variiert, genießt er noch
mehr Freiheit und bekommt weiterhin Gelegenheit zu gestalten und zu formen. In der **Variation** kann es passieren, dass Teile der Melodie schon stark
verfremdet und auf den ersten Blick nicht wieder zu erkennen sind.

Hier kann die **Improvisation** wunderbar ansetzen und weiterentwickeln,
da sie sich letztendlich ganz von der Melodie löst und aus ihr Neues entstehen
und wachsen lässt. Die Freiheit ist auf dieser Stufe maximal, da es nicht mehr
darum geht, sich an die Vorgabe zu halten, sondern aus ihr etwas gänzlich
Neues zu erschaffen. Deutlich wird, dass das Verändern, Variieren, Entdecken
und Kreieren reinere Formen der Improvisation sind bzw. eine höhere Stufe
der Improvisation darstellen als das Interpretieren oder Ergänzen. (Vgl.
Weick, 2002, S.55)

Die Beschreibung der Freiheitsstufen der Improvisation lässt bereits erkennen, dass Improvisation keineswegs aus dem Nichts entsteht. Improvisation
benötigt immer eine Grundlage. Charles Mingus, Bassist und Komponist, ver-
trat den Standpunkt, dass man nicht über nichts improvisieren kann. (Zit. n.
Weick 2002, S.57)

Dass Improvisation eine Grundlage benötigt, bedeutet allerdings nicht
zwangsweise, dass vorher eine Melodie dagewesen sein muss, an der die Improvisation ansetzt. Vielleicht muss dieser Gedanke noch weiter gefasst werden, da es genauso möglich ist, aus dem Nichts etwas entstehen zu lassen. Die
Basis, die der Improvisation dann zugrunde liegt, mag dann aber in dem musikalischen Fundus, den Fähigkeiten und Fertigkeiten des Improvisierenden,
liegen. So schließt sich der Kreis und es wird letztendlich wieder auf etwas
aufgebaut bzw. anhand von etwas improvisiert.

Kennzeichnend für die Improvisation im Jazz ist auch, dass die Musizierenden zwischen dem Part des Solisten und des „Unterstützers" wechseln. Die beiden Rollen werden von allen ausgefüllt. Improvisation entsteht dabei nicht im isolierten Raum. Sie entwickelt sich wie ein gutes Gespräch, baut aufeinander auf, reagiert auf Angebote der Mitmusiker, die wiederum auf das eingehen, was der Solist spielt. Es ist wie ein Netz, in dem alle Musizierenden aufeinander eingehen und einwirken und sich und die Musik gegenseitig beeinflussen.

Für diese Art der Improvisation benötigen die Musiker diverse Tools, Fähigkeiten und ein bestimmtes Mindset.

Mindset.

Um auf die beschriebene Art und Weise improvisieren zu können, braucht es eine gewisse Haltung. Was genau diese Haltung – das Mindset Improvisierender – ausmacht, wird in der Literatur teilweise unterschiedlich gewichtet oder dargelegt. Schauen wir uns zunächst die Punkte an, die meiner Meinung nach elementar sind und sich auch in Gesprächen, Interviews und der Literatur immer wieder herauskristallisieren.

„Say yes", ist einer dieser elementaren Punkte, der eine grundlegende Haltung und Einstellung Improvisierender beschreibt. Madson wählt diesen in ihrem Buch „Improv Wisdom" als erste Maxim aus. Der Gedanke dahinter ist, alles als Angebot zu sehen und diese Angebote anzunehmen. Hierin steckt allerdings viel mehr als das bloße „Jasagen":

> „Yes glues us together. Yes starts the juices rolling. Yes gets us into heaven and also into trouble. [...] The word of yes may be the single most powerful secret of improvising. It allows players who have no history with one another to create a scene effortlessly, telepathically. Safety lies in knowing your partner will go along with whatever idea you present." (Madson 2005, S.27)

Ja zu sagen bedeutet, Gegebenheiten oder Anregungen anzunehmen, sich auf etwas oder jemanden einzulassen, Ungewissheit zuzulassen und offen für etwas Neues zu sein. Es ist die Bereitschaft, auf eine (Entdeckungs)Reise zu gehen. Daraus ergeben sich weitere Merkmale. Wenn ich mich darauf verlassen kann, dass mein Partner mit den angebotenen Ideen mitgeht, gibt mir das Sicherheit. Dieses Gefühl der Sicherheit ist, wie in Abschn. 2.5 ausführlich beschrieben, grundlegend für Zusammenarbeit und starke und erfolgreiche Teams.

Ja zu sagen und das anzunehmen, was ist, bedeutet auch, sich **von Bewertung frei** zu machen. Das, was ich in dem Moment davon halte, was ich dazu sagen möchte, ist nicht wichtig. Ich nehme das, was ist, und baue darauf auf – wertfrei. Es ist nicht gut oder schlecht. Es *ist*. Und die Frage ist: Was mache ich – oder was machen wir – daraus? Damit geht einher, dass wir unser **Ego zurücknehmen**. Ich setze nicht das durch, was ich will. Es geht darum, was wir gemeinsam gestalten und wachsen lassen, indem wir andere hören und unterstützen. In der Sprache Improvisierender: **andere glänzen lassen**.

Wenn angenommen ist, was gerade da ist oder angeboten wird, führt dies dazu, **im Moment** zu **sein**. Es muss auf das „Jetzt" reagiert und dieses gestaltet werden. Dadurch erweitert sich „say yes" zu **„yes and"**. Also ja zu dem sagen, was ist und darauf aufzubauen. Dies bedeutet nicht, dass einfach alles stumpf angenommen wird. Durch das „und" bekommt das Gegenüber Gestaltungs- spielraum und kann das „Ja" in einen anderen Kontext setzen, ihm eine neue Bedeutung oder einen neuen Impuls geben. Und gleichzeitig wird das, was da ist, wertgeschätzt und nicht einfach „weggewischt". Dies passiert leider allzu oft, wenn wir hören: ja, aber. Das kleine Wörtchen „aber" schafft es sehr schnell, das zuvor Gesagte zunichtezumachen.

Ausprobiert.

- Einen Tag „ja, und …" sagen – sehr spannend, was sich daraus ergibt.

- „ja, aber …" durch „ja, und …" ersetzen. Ja, anfangs herausfordernd. Und: es lohnt sich.

- Beobachten, wo du wertest. Es erschlägt einen förmlich, wenn einem bewusst wird, was und wie viel wir den ganzen Tag bewerten. Das Wetter ist gut, was du sagst, ist falsch … Versuche, dich davon frei zu machen und in Gesprächen zu verstehen, was dein Gegenüber meint – Fragen statt Bewertung, Perspek- tivwechsel statt Standpunkt. Dies kann manchmal zu philosophischen Gesprächen führen: Gibt es überhaupt gut und schlecht? Was wäre das eine ohne das andere? Was dürfen wir daran erkennen und lernen und woran wachsen? Auf jeden Fall fördert es Verständnis für andere und schafft ein ge- meinsames Verständnis von Dingen.

Mit dem Gegebenen umgehen, etwas daraus machen, gestalten, neu denken, im Moment entwickeln und nicht im Vorhinein alle Eventualitäten bedenken oder der Vergangenheit hinterherhängen. Dies spiegelt eine positive Haltung wider, Spaß am Entdecken, an neuen Impulsen und Erfahrungen. Wie können Ideen verbunden werden, anstatt sie im Keim zu ersticken, an welchem Punkt einer Idee lässt sich ansetzen, was verbirgt sich hinter der Idee eines anderen und wo möchte diese Person hin? Wie können wir einen gemeinsamen Weg er- schaffen – nicht indem wir den eigenen Willen durchzusetzen, sondern indem wir die Impulse des Gegenübers annehmen und daraus einen neuen Weg ge- stalten? Wie ist es möglich, andere Ideen oder Bedenken einzubringen, ohne zu blocken? Dies eröffnet völlig neue Perspektiven und Wege.

Ja zu sagen führt dazu, dass wir uns in Situationen begeben, die sich unbekannt, unvorhersehbar und damit unsicher anfühlen. Es ist nicht festgelegt, was als nächstes passiert und es ist möglich, dass Fehler geschehen. Doch was sind überhaupt Fehler? Was macht einen Fehler zu einem Fehler?

Der **Umgang mit Fehlern** und das Verständnis davon ist ein weiterer elementarer Aspekt des Mindsets Improvisierender. Miles Davis sagte einst, dass es erst der nächste Ton ist, der bestimmt, ob der gerade eben gespielte falsch war. Ob etwas falsch ist, hängt also davon ab, in welchen Kontext wir den Ton setzen, wie wir damit umgehen und darauf aufbauen. Ebenso sagte er, dass der größte Fehler ist, keine Fehler zu machen. Hierfür ist wichtig, Fehler zu unterscheiden. Es gibt Fehler, die aus Nachlässigkeit oder dem Ignorieren von Vorgaben entstehen. Sie sind vermeidbar und zu meiden. Gemeint sind Fehler, die trotz Anstrengung und großer Bemühungen entstehen. Improvisierende betrachten diese Art von **Fehlern als Gelegenheit zu lernen**. Und jetzt wird es spannend: Manchmal entsteht aus diesen vermeintlichen Fehlern eine Innovation. Denken wir an die Erfindung des Post-it. Nur durch Ausprobieren, Erkunden und Neugier kann Neues entstehen. Dies setzt allerdings voraus, dass man keine Konsequenzen zu befürchten haben muss, wenn einem ein Fehler unterläuft.

Wirklich freie Improvisation ist dann möglich, wenn man sich sicher fühlt. Wenn ich weiß, dass es auf der einen Seite ein Sicherheitsnetz gibt, das mich auffangen wird und ich auf der anderen Seite die Grenze zur Überforderung austesten kann. Bekomme ich dabei neue Impulse und lasse diese zu, begebe ich mich außerhalb meiner Komfortzone in die Zone des Wachstums.

Kurz und knapp.

Das Mindset Improvisierender

- **„Ja, und ..."**
  Statt ja, aber. Annehmen, was kommt und darauf aufbauen.

- **Nicht bewerten**
  Verstehen statt bewerten. Annehmen, was ist und das Beste daraus machen.

- **Das Ego zurücknehmen**
  Ich dränge mich mit meiner Idee nicht in den Vordergrund, sondern höre aktiv zu, nehme Impulse auf und führe Ideen weiter. Es geht nicht um das Herausstellen eines Einzelnen, sondern um die gemeinsame Vision.

- **Andere glänzen lassen**
  Ich kann mich zurücknehmen und anderen Raum und Sicherheit geben, sich oder etwas auszuprobieren. Ich bin aufmerksam und gebe Impulse. Das kann bedeuten, Ideen aufzugreifen, zu hinterfragen oder Kontrapunkte zu setzen.

- **Fehler feiern**
  Tadaa! Fehler sind eine Gelegenheit zu lernen. Was einen Fehler definiert, hängt immer vom Kontext ab, in den wir ihn setzen.

- **Safe Space**
  Durch all diese Punkte sorgen wir dafür, dass sich alle im Team sicher fühlen. So kann sich jeder trauen, sich einzubringen, zu zeigen, Fragen zu stellen und Risiken einzugehen.

Fähigkeiten.
Das richtige Mindset ist unabdingbar. Darüber hinaus sind aber auch bestimmte Fähigkeiten erforderlich, da Improvisation ein hohes Maß an **handwerklichem Können** erfordert. Im musikalischen Kontext bedeutet das zunächst, sich die musiktheoretischen Hintergründe anzueignen und das Instrument beherrschen zu lernen, um sich dann frei darauf und damit bewegen zu können. Dadurch wird es möglich, das auszudrücken und umzusetzen, was man transportieren möchte und auf das zu reagieren, was an Impulsen kommt. Es ist vergleichbar mit dem Erlernen einer Sprache. Zuerst muss ein Wortschatz erarbeitet, grammatikalische Regeln verstanden, die Aussprache geübt werden. Versteht man anfangs Bruchteile einer Konversation und kann sich nur wenig einbringen, erlangt man mit der Zeit Übung und Erfahrung, mehr Sicherheit und größeres Wissen. Irgendwann gelangt man dann an den Punkt, an dem man nicht nur versteht und reagiert, sondern die Zwischentöne lesen und Ironie und Witz einbauen kann. Hat man diesen Punkt erreicht, bedeutet dies, sich wirklich frei in der Sprache bewegen und sie in ihren Nuancen und Feinheiten einsetzen zu können.

Die **Regeln** zu **kennen**, sie zu **interpretieren**, **auszulegen** und **mit ihnen zu spielen**, sich bewusst an einigen Stellen über sie hinwegzusetzen – das sind weitere Fähigkeiten Improvisierender. Gute Improvisateure **hinterfragen** und erzeugen durch das bewusste Ausreizen oder sogar **Brechen von Regeln** und Erwartungshaltungen Spannung.

Eine große Herausforderung besteht darin, all dieses **Wissen**, die **Fertigkeiten** und die **Erfahrung** zu **besitzen** und sich dann **in dem Moment des Improvisierens von all dem** zu **lösen**. Dafür braucht es die Fähigkeit, in dem Augenblick auf all dies zurückgreifen zu können und gleichzeitig so frei zu sein, nicht mit Floskeln zu improvisieren. Es geht darum, in diesem Moment neu zu kombinieren, zu denken und zu erschaffen – ein Akt, der viel stärker intuitiv als kognitiv geleitet ist.

Rationales Wissen, Verständnis, Emotionen und Intuition. Improvisierende müssen die Fähigkeit haben, auf verschiedene Arten von Wissen zugreifen zu können. Die Intuition zu entwickeln, sie zu spüren und ihr zu folgen, ist für das Handeln in Echtzeit eine wichtige Voraussetzung. Es ist keine Zeit, alles noch einmal zu durchdenken. Emotionen wahrnehmen und sie aufgreifen, empathisch sein und fühlen, was die Situation oder die Mitmusiker gerade brauchen und womit man sie unterstützen kann – auch das muss intuitiv geschehen und ist gleichzeitig eine andere Form des Wissens. Spannend wäre sicherlich zu untersuchen, ob man mit Mitmusikern, die man besonders gut kennt, noch intuitiver zusammenspielen kann, da man sie treffsicherer und schneller „lesen" kann. So kommt es manchmal beim Musizieren zu magischen Momenten. Wenn zwei oder mehr Musiker ohne Absprache zur selben Zeit denselben Impuls verspüren und wie aus dem Nichts die gleichen Akzente setzen, nicht spielen oder wieder spielen. So, als wäre eine unsichtbare Verbindung zwischen ihnen. Eventuell ist die „Fehlerquote" für intuitive Entscheidungen, die anhand von Empathie getroffen werden, höher, wenn sich die Musiker untereinander nicht so gut kennen. Was meiner Meinung nach sicher ist: Die Fähigkeit zur Empathie ist unerlässlich, um andere glänzen zu lassen.

Es gibt also verschiedene Arten von Wissen, auf die Improvisierende zugreifen müssen: rationales Wissen, Verständnis, Emotionen und Intuition. Voraussetzung, um dies einbringen zu können, ist, dass der Musiker aufmerksam ist, sich zurücknehmen kann und aktiv zuhört. Daneben muss er die Fähigkeit besitzen, klar kommunizieren zu können. Dies muss nicht zwingend mit Worten sein, sondern kann genauso gut mit Gesten, Blicken oder musikalischen Phrasen erfolgen.

Kurz und knapp.

Schlüsselfähigkeiten

- **Flexibilität**
  Neugierig und offen auf die Dinge blicken. Umdeuten, Pläne verwerfen, andere Vorschläge und Sichtweisen annehmen. Bereitschaft immer wieder neu zu denken.

- **Kreativität**
  Immer neue Wege gehen und offen für Impulse sein. Sich nicht auf alte Muster verlassen, Bereitschaft zu hinterfragen.

- **Wissen**
  Regeln interpretieren, auslegen, mit ihnen spielen und sie stellenweise bewusst umgehen. Rationales Wissen, Verständnis, Emotionen und Intuition – wahrnehmen, einordnen und nachgehen können.

- **Provokative Kompetenz**
  Gelegentlich muss man provokativ sein, um von Routinen abzuweichen und nicht von ihnen abhängig zu werden. Begrenzungen müssen hin und wieder getestet werden. Gelten sie noch bzw. in diesem Zusammenhang oder kann das Gebiet ausgeweitet werden?

Tools.

Die Tools sind die Mittel oder auch Parameter, mit denen improvisiert wird. Mit ihnen wird die Improvisation gestaltet, Spannung erzeugt oder gelöst. Sie bringen das Mindset in die Umsetzung. Die Tools müssen nicht zwangsweise für alle musikalischen Kontexte dieselben sein. Es ist gut möglich, dass sie je nach Gegebenheit und individuellem Geschmack variieren. Jedoch gibt es einige grundlegende und verbindliche Tools, die zu dem Grundwortschatz Improvisierender gehören und die es ihnen ermöglichen, mit anderen Musikern, mit denen sie bis dahin noch nicht zusammengespielt haben, professionell zu improvisieren. Die Werkzeuge befähigen die Musiker somit, zu jeder Zeit, in jedem Umfeld, mit neuen oder bekannten Partnern auf hohem Niveau zu improvisieren.

Zu den elementaren Tools gehört beispielsweise das Kennen der „Regeln". Spielt eine Formation ein Stück, und soll über dieses improvisiert werden, setzt dies voraus, dass alle Beteiligten wissen, was ihre Aufgabe in der Band ist. Als Schlagzeugerin besteht diese unter anderem darin, gemeinsam mit dem Bassisten eine Grundlage zu bilden, ein rhythmisches Grundgerüst, das die Time und den Groove bildet, und daneben die Form für die anderen Musiker deutlich zu machen. Dies heißt, auf andere Formabschnitte vorzubereiten, diese voneinander abzusetzen und somit Orientierung zu bieten. Weiterhin besteht meine Aufgabe als Schlagzeugerin darin, dem Solisten bzw. der Gruppe Sicherheit zu geben, sodass dieser in seinem Spiel, seiner Improvisation entdecken, Risiken eingehen und sich dabei darauf verlassen kann, dass ihn bei Bedarf jemand auffängt, unterstützt oder ihm hilft. Man könnte sagen, dass die Rhythmusgruppe, insbesondere Bass und Schlagzeug gemeinsam, den Bereich zwischen Sicherheit und der Grenze zur Überforderung gestalten. Dies tun sie, indem sie einerseits Impulse setzen, die andere inspirieren und sie so außerhalb ihrer Komfortzone führen, andererseits aber auch unterstützen und eine Grundlage bieten, auf der Improvisation stattfinden kann.

Weiterhin gehört zu den Regeln, dass die Improvisierenden wissen, was Akkorde sind, wie sie sich zusammensetzen und welche Töne in den Zusammenhang passen oder im Allgemeinen als „richtig" gelten. Ebenso gehört zu Tools, dass man ein gemeinsames Verständnis von Stilrichtungen und Bezeichnungen, sozusagen der Fachsprache hat. Dies umfasst auch Standardwendungen und -Lieder, -Verbindungen und Wenn-Dann-Verknüpfungen.

Wenn man all diese Regeln kennt und beherrscht, wird es möglich, mit ihnen zu spielen, sie zu dehnen und stellenweise bewusst zu brechen. So kann Neues und Unerhörtes entstehen.

Diese Gestaltung geschieht anhand unterschiedlicher Parameter. Eines ist beispielsweise das Timing: Zeit ist ein dehnbarer Begriff, so auch in der Musik. Wo genau wird eine Note im Verhältnis zur metronomisch „richtigen" Zeit und zu den Mitmusikern platziert? Lautstärke, Intensität, Dichte und Menge an Impulsen, Stille. Die Lage der Töne (hoch/niedrig) sowie der Tonumfang, in dem sich bewegt wird. Die Auswahl an Noten, die zu Konsonanz oder Dissonanz, zu Auflösung oder Spannung leiten.

Ein zentrales Element der Improvisation ist außerdem die Pause – nicht spielen, zuhören, wirken lassen. Erst durch den Raum, den man gibt, entfalten sich Wirkung und Spannung. Ein Ton verliert in zu vielen Tönen zu leicht an Bedeutung. Pausen gekonnt zu setzen, Stille auszuhalten – das ist eine große Kunst und erfordert Mut. Außerdem wird es als Solist schwierig sein, Impulse von außen wahrzunehmen, wenn ich ununterbrochen spiele. Die Gefahr, dass das Gesagte beliebig wird, ist groß. Und erst, wenn auch Stille Raum bekommt, kann eine Dichte an Tönen die gewollte Intensität verbreiten.

All dies gehört zu den gestalterischen Mitteln Improvisierender. Dabei treten sie nicht isoliert voneinander auf, sondern gehen miteinander einher. Sie werden von dem Umfeld inspiriert, ebenso wie sie das Umfeld inspirieren.

Es liegt auf der Hand, dass es nicht ausreicht, die Werkzeuge nur zu kennen oder zu besitzen. Wenn man nicht weiß, wie man sie anwendet, was man mit ihnen gestalten kann und keine Idee hat, was man damit gestalten möchte, sind diese Werkzeuge nutzlos.

Kurz und knapp.

Tools – Die Mittel und Parameter, anhand derer improvisiert wird

- **Hintergrundwissen**
  Musiktheoretisches Wissen. Akkorde, Akkordverbindungen, Skalen, gängige Wendungen, …

- **Handwerkszeug**
  Fertigkeiten auf dem Instrument. Frei sein, das ausdrücken zu können, was man sagen möchte.

- **Seine Aufgabe/Rolle kennen**
  Diese ausfüllen, Angebote machen und sie gegebenenfalls erweitern, umdeuten oder übergeben. Und andersherum: Angebote annehmen.

- **Gemeinsames Verständnis**
  Vokabular, Ästhetik, „Redewendungen" und Initialzünder kennen (wenn-dann Ketten)

2.3 Improvisation in Unternehmen

Führungskräfte stehen heute in einem Spannungsfeld zwischen steigenden Komplexitätsanforderungen, rechtlichen Vorgaben, strategischer Planung und dem Wunsch nach mehr Flexibilität und Innovationskraft. Improvisation scheint auf den ersten Blick im Widerspruch zur strukturierten Welt der Unternehmensführung zu stehen. Doch zeigt sich das Potenzial gerade in dynamischen Zusammenhängen: schnelles Handeln, situatives Entscheiden und kreative Problemlösung. Improvisation ist nicht das Gegenteil zur Planung, sondern ihre Ergänzung in Situationen, in denen der Plan an seine Grenzen stößt. Managementsysteme können diese Fähigkeit fördern oder behindern – je nachdem, wie sie aufgebaut und gelebt werden.

Fragt man in Unternehmen nach, ob improvisiert wird, wird oft ablehnend reagiert. Wenn es bejaht wird, wird die Improvisation eher in Bereichen gesehen, wo sie notgedrungen passieren muss, da keine andere Wahl bleibt. Dies hat dann weiterhin den Beigeschmack, dass es sich um eine Notlösung und behelfsmäßiges Vorgehen handelt und nicht um einen professionellen Vorgang. Steigt man jedoch tiefer in das Thema der Improvisation im Unternehmenskontext ein, fällt auf, dass es ein Thema ist, dem viele zunehmend offen und neugierig gegenüberstehen. Schon seit Mitte der Neunziger gibt es Ideen und Untersuchungen, die sich mit Improvisation in Unternehmen beschäftigen. Sie befassen sich unter anderem mit dem Mindset und der Übertragung auf die Unternehmenskultur, der Teamarbeit oder mit Produktentwicklung und Innovation.

Im Folgenden soll nicht all das wiederholt werden, was schon in dem Abschnitt über Improvisation erwähnt wurde. Die Fähigkeiten sind sich größtenteils sehr ähnlich und werden deswegen nur kurz beschrieben. Das Mindset kann direkt übertragen werden und wird deswegen ausgespart.

Freiheitsgrade der Improvisation.
Die Freiheitsgrade, die wir in Bezug auf die Improvisation in der Musik kennengelernt haben, lassen sich ebenso auf den Unternehmenskontext übertragen.

Synonym zu der Melodie wird in der Literatur bezogen auf den Unternehmenskontext meist die Produktentwicklung verwendet. (zit. n. Weick 2002, S.55) Dies ist naheliegend, und kann folgendermaßen aussehen:

1. **Interpretation** – Bestehende Ideen auf neue Weise nutzen oder umsetzen.

2. **Verzierung** – Ein Produkt oder eine Funktion mit zusätzlichen Features oder Details ausstatten, die über das Notwendige hinausgehen, um es attraktiver oder funktionaler zu gestalten.

3. **Variation** – Das Produkt in verschiedenen Formen oder Varianten gestalten, um unterschiedliche Geschmäcker, Bedürfnisse oder Märkte zu bedienen.

4. **Improvisation** – Kreative Lösungen entwickeln und auf unvorhersehbare Herausforderungen oder Veränderungen in der Produktentwicklung flexibel reagieren. Auf der Basis des Kernproduktes etwas gänzlich Neues erschaffen.

In Abschn. 2.2 haben wir bereits ein Leadsheet und eine klassische Partitur (siehe Abb. 2.2 und 2.3) in Bezug auf Vorgaben und Freiraum in der Gestaltung verglichen. Genauso lässt sich dies auf Unternehmensstrukturen und Prozessbeschreibungen übertragen.

Orchester vs. Jazzband – Hierarchie vs. Selbstorganisation
Die Partitur wird in der Regel von einem klassischen Orchester gespielt. Das Orchester ist ein wunderbares Beispiel für ein stark hierarchisch organisiertes Unternehmen. Es handelt sich um ein hochgradig strukturiertes System mit klar definierten Rollen, detaillierten Vorgaben und einer eindeutigen Führung. Die Partitur gibt den musikalischen Ablauf genau vor: Takt für Takt, Stimme für Stimme, Artikulation, Tempo und Dynamik. Sie wurde von einem Komponisten verfasst, der mit der Partitur seine Idee, das Konzept verschriftlicht hat. Er hat damit nicht nur den Rahmen vorgegeben sowie Struktur, Vision und Klangvorstellungen festgelegt, sondern auch ein Endergebnis geschaffen, das nun auf die Umsetzung wartet. Dafür ist der Dirigent zuständig. Er trägt die Gesamtverantwortung, koordiniert das Zusammenspiel, leitet durch das Stück, gibt Einsätze und bestimmt Interpretation, Ausdruck und Gestaltung. Der Dirigent hat einen vorgefertigten Plan (die Partitur) vor sich liegen, hat eine klare Vorstellung davon, was er hören möchte, und leitet die Musiker dazu an, diese Vorgaben möglichst exakt umzusetzen.

Jeder Musiker kennt seine Aufgabe genau und der Raum für Interpretation ist sehr klein. Das ist gewollt, denn ein Abweichen von den Vorgaben würde das große Ganze gefährden. Orchestermusiker sind hoch qualifizierte Spezialisten, mit einem klar definierten Platz im Gesamtgefüge. Ihre Aufgabe ist nicht die freie Gestaltung, sondern die präzise Umsetzung der Partitur unter der Leitung des Dirigenten. Ziel ist höchste Präzision und Reproduzierbarkeit. Für Improvisation ist hier kein Raum – sie kommt, wenn überhaupt, nur als Notlösung zum Einsatz.

Genau wie in stark hierarchischen Unternehmen werden auch in einem Orchester Entscheidungen zentral getroffen, es wird top-down kommuniziert, Abläufe sind klar definiert und Aufgaben eindeutig zugewiesen. Dieses System strebt nach Stabilität, Kontrolle und Effizienz. Solange die Rahmenbedingungen konstant bzw. planbar bleiben, ist es äußerst leistungsfähig.

Solche Unternehmen gleichen einer perfekt einstudierten Sinfonie – beein-
druckend im Ergebnis, jedoch wenig anpassungsfähig bei plötzlichen Veränderungen.

Ganz anders in einer Jazzband: Hier gibt es keine oder nur sehr flache Hierarchien. Der Komponist liefert kein fertiges Werk, sondern ein inspirierendes
Gerüst. Häufig ist er selbst Teil der Band – oder die Komposition entsteht als
Gemeinschaftsprojekt der Musiker. Es gibt keinen Dirigenten, Führung ist situativ, und Rollen wechseln dynamisch. Entscheidungen werden dezentral
und kollektiv getroffen. Grundlage für das gemeinsame Spiel ist das Leadsheet, das Melodie, Form, Harmonien und Taktart vorgibt. Wie das Stück
letztlich klingt, unterscheidet sich von Mal zu Mal, denn es entsteht im Moment – im Zusammenspiel. Improvisation ist ein elementarer Bestandteil der
Musik. Jazzmusiker sind zugleich Spezialisten und Mitgestalter.

Eine Jazzband entspricht einem agilen Team – klare Orientierungspunkte
statt starrer Steuerung, funktionale Führung, direkte und kontinuierliche
Kommunikation, Selbstorganisation und geteilte Verantwortung. Prozesse
sind iterativ, lernorientiert und anpassungsfähig. Solche Teams agieren flexibel und wendig und sind besonders dort leistungsstark, wo sich Anforderungen
und Rahmenbedingungen schnell verändern, Innovation gefragt ist und kom-
plexe Zusammenhänge bewältigt werden müssen.

Wenn wir dieses Bild auf Unternehmen übertragen, lassen sich viele Deu-
tungen finden: Ist der Komponist der Visionär oder Gründer? Sind es die
Strategieteams, der Markt oder die Organisation selbst? Oder steht der Komponist eher für eine konzeptionelle Ebene – für Struktur, Absicht und den
Rahmen eines Vorhabens? Ist der Komponist der CEO und der Dirigent der
COO? Aus meiner Sicht sollte alles eine Rolle sein: Komponist, Dirigent und
die Musiker. Dabei sind Rolle und Person voneinander getrennt zu betrachten.
Eine Rolle kann von mehreren Personen ausgefüllt und situativ angepasst
werden. Ebenso kann eine Person mehrere Rollen innehaben.

Der Start einer Weltraumrakete – ein orchestrierter Prozess

Eine Partitur entspricht einer klassischen Prozessbeschreibung: klare Vorgaben, wer wann was womit zu tun hat. Für jedes Instrument ist genau festgelegt, wann und wie gespielt werden soll. Jede Note ist aufgeschrieben –
sogar die Art der Artikulation ist vorgegeben. Ein vollständig durchgeplanter
Ablauf, bei dem viele kleine Zahnräder ineinandergreifen.

Nehmen wir zum Vergleich den Start einer Weltraumrakete: Jeder Schritt
ist festgelegt, jahrelange Vorbereitung greift ineinander, Abläufe sind hochgradig koordiniert und es gibt eine Checkliste, die abgearbeitet wird. Der Start
ist das Gegenteil von Spontanität und Freiraum in Interpretation und Gestaltung.

Und auch wenn hier alles orchestriert ist – greift der Plan nicht mehr oder tritt Unerwartetes ein, kann es für die Astronauten entscheidend sein, professionell improvisieren zu können.

Agile Softwareentwicklung – Arbeiten nach Leadsheet

Das Leadsheet lässt viel Raum für Interpretation und Gestaltung. Melodie, Akkorde, Form, Taktart – ein Rahmen ist gegeben und kann im Sinne der geltenden Spielregeln ausgestaltet und gedehnt werden. Diese Art der Vorgabe kennen wir aus der agilen Softwareentwicklung: Hier wird nicht nach Partitur gespielt, sondern auf Grundlage des Leadsheets entwickelt. Die Entwicklung entsteht im Zusammenspiel der Beteiligten – im Moment und in iterativen Zyklen. Ressourcen und ein Rahmenwerk sind gegeben: definierte Rollen, bekannte Artefakte (Backlog, Sprint, Review, etc.), festgelegte Rhythmen (Daily Stand-up, Sprints, etc.). Das Leadsheet bietet Freiheit innerhalb gesetzter Grenzen – Orientierung, aber keine Detailvorgabe. Die Musiker entscheiden selbst, wie und wann gespielt wird. Der Weg entsteht im Gehen.

> **Frage am Rande:** Wie seht Ihr Euer Unternehmen? Sinfonieorchester oder Jazzband?

Was bedeutet das für Managementsysteme? Worin unterscheiden sie sich in Bezug auf die Freiheitsgrade? Oder genauer gefragt: Wie viel Freiheit bietet das jeweilige System für die einzelnen Stufen der Improvisation?

Welche Managementsysteme eignen sich besonders, um Improvisation zu ermöglichen? Und wie können wir Improvisation in Managementsystemen einbringen, die von sich aus eigentlich wenig Freiraum dafür lassen?

Managementsysteme – Freiheit in der Struktur

Managementsysteme sind das strukturelle Rückgrat vieler Unternehmen. Sie definieren Prozesse, sichern Qualität, sorgen für Steuerbarkeit und geben Orientierung. Dabei stecken sie gleichzeitig einen Rahmen ab, innerhalb dessen gehandelt werden darf. Wie wir schon in der Einführung über Improvisation gesehen haben, schließen sich Struktur und Freiheit nicht zwangsweise aus – im Gegenteil. Wie in der Musik braucht es auch in Unternehmen eine grundlegende Ordnung, innerhalb derer kreatives Handeln erst möglich wird. Entscheidend ist, wie viel Raum das System für Abweichungen, Interpretation und Spontanität lässt.

Systeme im Vergleich: MBO vs. OKR

Die Systeme MBO (Management by Objectives) und OKR (Objectives and Key Results) sind ein anschauliches Beispiel für unterschiedliche Freiheitsgrade. Beide verfolgen das Ziel, eine strategische Ausrichtung zu schaffen und Zielerreichung messbar zu machen. Doch tun sie dies auf unterschiedliche Weise – mit Folgen für die Möglichkeit zur Improvisation.

MBO basiert auf klar vorgegebenen Zielen, die meist jährlich auf Unternehmensebene festgelegt und dann top-down definiert werden. Wie diese Ziele erreicht werden, bleibt dabei freigestellt. Der Fokus liegt auf dem „Was". Die Zielerreichung steht im Vordergrund und während des Zyklus wird überprüft, ob die Mitarbeitenden dem Ziel entsprechend handeln. Improvisation findet, wenn überhaupt, auf der operativen Ebene statt. MBO bietet relativ wenig Spielraum für kreatives Umdeuten oder Variieren. Planungssicherheit und Stabilität werden bevorzugt und harmonieren gut mit dem System – herausfordernd wird es in komplexen, dynamischen und unvorhersehbaren Zusammenhängen.

OKR hingegen ist dynamischer. Durch die Kombination ambitionierter, qualitativer Ziele (Objectives) und konkreten, messbaren Schlüsselergebnissen (Key Results), wird eine Brücke zwischen Vision und Handeln geschlagen. Kürzere, meist quartalsweise Zyklen, iterative Prozesse und die Klarheit, dass Lernprozesse dazugehören, fördern ein anderes Denken: Experimentieren, Feedback einholen und Anpassen sind Bestandteile der Zielverfolgung. Die Richtung ist vorgegeben, der Weg kann flexibel gestaltet werden. Dies ermöglicht im Vergleich zu MBO mehr Freiraum für Improvisation – für alle Stufen: Interpretation, Verzierung, Variation und innovative Improvisation.

Kurz und knapp.

Managementsysteme im Spannungsfeld von Struktur und Freiheit

1. **MBO – Management by Objectives**
   - **Struktur:** Ziele werden top-down kommuniziert, häufig mit Fokus auf Kennzahlen.
   - **Freiheitsgrad:** Gering. Der Weg zum Ziel bleibt offen, aber die Zielvorgaben sind meist starr und langfrisitg.
   - **Improvisationspotenzial:** Eher gering. Geeignet für die Stufe *Interpretation*.
   - **Praxistipp:** Sinnvoll bei stabilen Aufgabenfeldern. Spielräume können durch Delegation, Vertrauenskultur oder kreative Methoden ergänzt werden.

2. OKR – Objectives and Key Results
- **Struktur:** Qualitative Ziele und objektive Schlüsselresultate, kurze Zyklen, iterativer Prozess.
- **Freiheitsgrad:** Hoch. Der Ansatz fördert Experimentieren und kontinuierliches Lernen.
- **Improvisationspotenzial:** Hoch. Geeignet für Variation und Improvisation.
- **Praxistipp:** OKRs bewusst nutzen, um neue Lösungsansätze zu testen. In Teams retrospektiv besprechen: „Wo haben wir improvisiert? Was können wir daraus ableiten?"

3. Lean Management
- **Struktur:** Standardisierte Abläufe zur Vermeidung von Verschwendung. Kontinuierliche Verbesserung.
- **Freiheitsgrad:** Mittel. Die Vorgaben sind klar, aber Verbesserungsvorschläge aus der Praxis erwünscht.
- **Improvisationspotenzial:** Mittel bis hoch. Insbesondere auf der Ebene der kleinen, iterativen Verbesserung. Variation, Verzierung.
- **Praxistipp:** Lean-Meetings wie Gemba Walks nutzen, um Mitarbeiter zu ermutigen, spontane Ideen einzubringen.

4. Agile Frameworks (z. B. Scrum, Kanban, SAFe)
- **Struktur:** Iterationen, Rollen und klare Verantwortlichkeiten in Kombination mit einem hohen Grad an Selbstorganisation.
- **Freiheitsgrad:** Hoch. Agile Prinzipien basieren auf Flexibilität und der Fähigkeit, schnell zu adaptieren.
- **Improvisationspotenzial:** Sehr hoch, ideal für alle Stufen der Improvisation.
- **Praxistipp:** Sprint-Reviews und Retrospektiven als Räume für reflektierte Improvisation nutzen. „Was hat spontan funktioniert und warum?"

5. ISO-Managementsysteme (z. B. ISO 9001)
- **Struktur:** Stark Reguliert, prozessorientiert, hoher Dokumentationsaufwand.
- **Freiheitsgrad:** Gering. Der Fokus liegt auf Standardisierung und Reproduzierbarkeit.
- **Improvisationspotenzial:** Gering. Trotzdem kann Interpretation auf Mikroebene erfolgen.
- **Praxistipp:** Innerhalb der Anforderungen flexible „How-to"-Gestaltung ermöglichen. Beispielsweise durch alternative Wege zur Zielerreichung oder „Lessons-Learned"-Formate.

Fähigkeiten.

Schlüsselfähigkeiten sind Vertrauen und Loslassen, gerade in leitenden Positionen und bei Führungskräften. Wenn diese beiden Fähigkeiten und Voraussetzungen nicht erfüllt sind, ist es quasi unmöglich, eine Kultur zu schaffen, die das Mindset Improvisierender fördert und andere befähigt, Verantwortung zu übernehmen und „Risiken" einzugehen. Dies setzt voraus, sich mit sich selbst auseinanderzusetzen und zu erkennen, warum es schwerfällt, Kontrolle abzugeben, anderen zu vertrauen und auszuhalten, nicht über jeden Schritt Bescheid zu wissen.

Es braucht den Mut, gegen Konventionen zu verstoßen, sich gelegentlich über Regeln hinwegzusetzen und offen zu sein.

Daneben braucht es natürlich auch im Unternehmenskontext handwerkliche Fähigkeiten und Wissen. Diese variieren je nach Einsatzbereich. Sei es das Bedienen von Programmen oder Maschinen, das Entwerfen von Produkten oder Strategien. Alle im Unternehmen müssen über die entsprechenden Fähigkeiten und das Wissen für ihre Tätigkeitsbereiche verfügen. Seien es Hintergrundinformationen über wirtschaftliche Zusammenhänge, Wechselwirkungen, rechtliche Gegebenheiten oder die Regeln des Rechnungswesens. Und auch hier unterscheidet sich das Wissen in rationales Wissen, Verständnis, Emotionen und Intuition. Die entscheidende Frage ist, in welchen Zusammenhang Wissen und Können gebracht werden, wie es übertragen, vernetzt und ausgetauscht wird und wie man reagiert, wenn sich etwas „nicht richtig" anfühlt. In einigen Situationen leitet die Intuition. Und dies kann sie nur, wenn es eine breite Basis und Erfahrung gibt, auf die sie zurückgreifen kann.

Tools.
Wie in der Musik, braucht es auch im Unternehmenskontext eine Vision und einen Rahmen innerhalb dessen improvisiert wird. Eckpfeiler können hier Ziele und Vorgaben (beispielsweise rechtlich, zeitlich, finanziell) sein. Dies variiert nicht nur von Unternehmen zu Unternehmen, sondern auch je nach Projekt innerhalb eines Unternehmens.

Und wie genau können Tools für Unternehmen aussehen? Eine Idee kann sein, Improvisationsräume zu schaffen. Dies meine ich in zweierlei Hinsicht. Zum einen müssen überhaupt erst Kapazitäten für Improvisation und das damit einhergehende Ausprobieren und Üben vorhanden sein. Da die Systeme von Unternehmen oft sehr ausgelastet sind, gibt es zu wenig Freiraum und Zeit für dieses Ausprobieren und Üben. Somit könnte durch das Schaffen **zeitlicher Improvisationsräume** aktive Improvisation und Innovation gefördert werden.

Zum anderen sind **physische Improvisationsräume** gemeint: Räume, die Kreativität fördern, Impulse bieten und gleichzeitig Sicherheit und Vertrautheit ausstrahlen. Unternehmen können durch diese zeitlichen und physischen Räume einen wichtigen Ausgangspunkt für Improvisation schaffen.

Deutlich wird, dass es einerseits zwar grundlegende Faktoren wie beispielsweise die Kapazität für Improvisation im organisationalen Kontext braucht, andererseits aber die Tools ganz individuell – passend zum Unternehmen, zum Bedarf und zu den anwendenden Personen – gewählt werden sollten.

2.4   Agilität

Agilität und Improvisation haben einige Gemeinsamkeiten. Diese finden sich z. B. in der Form der Zusammenarbeit und der Organisation, der Fehlerkultur, dem Projektmanagement und der Entwicklung im Prozess. Und ganz grundlegend: im Mindset. Hierzu später mehr.

Was ist Agilität eigentlich? Der Begriff ist in vieler Munde - doch bleibt oft unklar, was tatsächlich dahintersteckt. Übersetzt aus dem Lateinischen bedeutet agilis (leicht) beweglich, schnell, gewandt. Im allgemeinen Sprachgebrauch wird Agilität oft mit Anpassungsfähigkeit und Flexibilität gleichgesetzt, wobei betont wird, dass das Reagieren auf neue Gegebenheiten schnell und wendig erfolgt. Wenn ich an „agil" denke, habe ich sofort ein lebendiges Bild vor Augen:einen aufgeweckten und flinken Hund oder eine kleine Jolle, ein wendiges Boot, mit dem man auf Veränderungen direkt und unkompliziert reagieren kann.

Hinter Agilität versteckt sich jedoch noch mehr als diese Begriffssammlung. Agilität besteht aus und findet sich in unterschiedlichen Dimensionen: Organisation, Strategie, Methoden, Führung, Team und Individuum. All diese Dimensionen müssen angepasst werden, um ein Unternehmen agil zu machen. Entscheidend ist, dass Agilität keine Methode oder Werkzeug ist, sondern eine Haltung, ein Mindset. Dies ist wie ein übergeordnetes, verbindendes Element der Dimensionen.

Oft beginnt die Einführung von Agilität damit, agile Methoden anzuwenden. Doch dabei wird leicht übersehen, dass diese Methoden ein unterstützendes Umfeld brauchen. Bleibt es bei der oberflächlichen Anwendung, verpufft ihre Wirkung. Agilität entfaltet ihre Kraft erst dann, wenn Werte, Prinzipien und Haltung mitgedacht und gelebt werden – auf allen Ebenen der Organisation.

Mindset.
Agilität ist eine Haltung. Sie wird beschrieben durch vier Werte, zwölf Prinzipien, manifestiert durch eine Vielzahl an Praktiken und zusammengesetzt zu Methoden/Frameworks.

Das agile Mindset basiert auf den vier Werten des agilen Manifests:

1. Individuen und Interaktion vor Prozessen und Methoden

2. Funktionierendes Produkt vor umfassender Dokumentation

3. Zusammenarbeit mit Kunden vor Vertragsverhandlungen

4. Auf Veränderungen reagieren vor Verfolgen eines Plans

Das agile Manifest und die Prinzipien umzusetzen und zu leben, bringt eine gewisse Einstellung bzw. Haltung mit sich.

Kurz und knapp.

Das agile Mindset
  Das agile Mindset beschreibt Eigenschaften und Einstellungen eines Einzelnen. Gleichzeitig ist klar, dass ebenso wie beim Mindset Improvisierender ein Umfeld da sein muss, in dem diese Eigenschaften zum Tragen kommen können.

- **Offenheit**
  Für neue Wege, andere Ideen, neues Wissen experimentieren.

- **Zuhören und verstehen**
  Die Meinung und Wünsche anderer hören, wahrnehmen und nachvollziehen. Dies bedeutet auch Kommunikation und Austausch.

- **Vertrauen**
  In andere, die eigenen Fähigkeiten, auf gemeinsame Werte.

- **Flexibilität**
  Auf Unvorhergesehenes und neue Anforderungen eingehen, Pläne anpassen, verwerfen und iterieren.

- **Bereitschaft**
  Zu lernen, zu hinterfragen, anzupassen, zu wachsen und Verantwortung zu übernehmen.

Ob dieses Mindset gelebt werden kann und die agilen Prinzipien in den einzelnen Dimensionen zum Tragen kommen, hängt mit der **Unternehmenskultur** zusammen. Diese hat Edgar Schein in seinem Kulturmodell in drei Ebenen unterteilt:

1. **Die Artefakte**
   Sichtbare Verhaltensweisen wie beispielsweise Kleidung, Architektur, Organisationsstruktur. Sie sind sichtbar, spürbar und hörbar.

2. **Die Werte**
   Sie sind spürbar und erlebbar und zeigen sich unter anderem in Strategie, Philosophie, Fehlerkultur und Authentizität. Auch zu beschreiben als ein Gefühl für „das Richtige".

3. **Die Grundannahmen**
   Sind unsichtbar und unbewusst. Es handelt sich um Überzeugungen und Glaubenssätze, verinnerlichte Normen und Werte, etwas, das als „selbstverständlich" erachtet wird.

Wenn diese Ebenen das agile Mindset und die dahinter liegenden Werte nicht stützen und fördern, wird die Umsetzung agiler Prinzipien langfristig nicht funktionieren.

Hierdurch wird deutlich, dass es für Agilität in Unternehmen zwar einerseits Merkmale und Einstellungen Einzelner braucht, andererseits das Umfeld stimmen muss, das diese Haltung ermöglicht und unterstützt. Es muss von Vertrauen und Sicherheit geprägt sein und zugleich Wachstum fördern und fordern – eine Umgebung, die im nächsten Kapitel näher beschrieben wird.

Diese wechselseitige Abhängigkeit zwischen individuellem Mindset und organisationalem Umfeld lässt sich gut mit einem Baum vergleichen (Vgl. Abb. 2.4): Die sichtbaren Elemente wie Methoden, Prozesse, Rollen und Frameworks bilden den Stamm und die Krone – das *Doing Agile*. Doch was die-

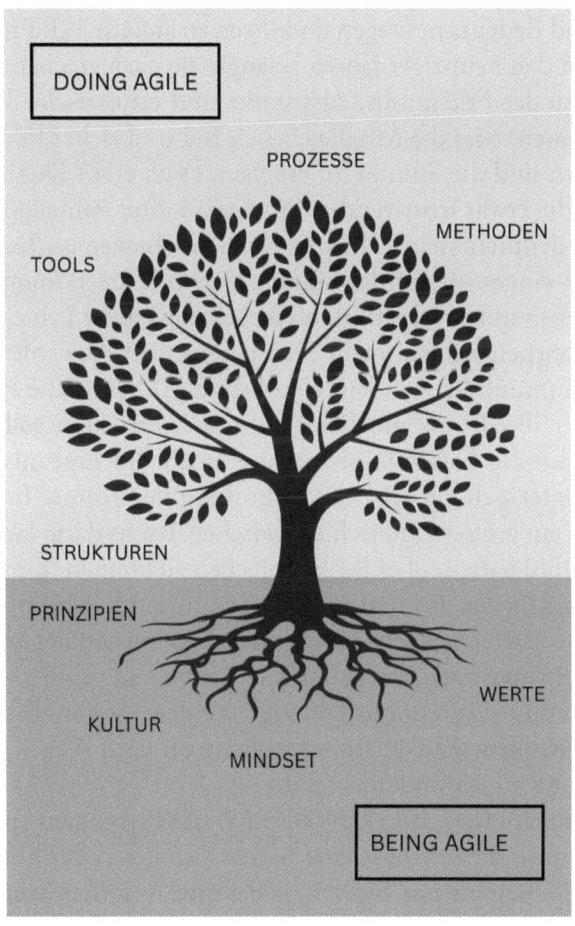

Abb. 2.4 Agilität braucht Wurzeln. (Quelle: Eigene Darstellung)

sen Baum wirklich trägt und nährt, ist das Wurzelwerk unter der Erde – das *Being Agile*: Haltung, Werte, Prinzipien, Denkweisen und kulturelle Grundannahmen. Ohne stabile, lebendige Wurzeln wird der Baum jedoch nicht tragfähig sein. Erst wenn der Baum auf einem fruchtbaren Boden steht – also in einer Kultur, die Vertrauen, Offenheit und Lernbereitschaft ermöglicht – kann Agilität nachhaltig wachsen und wirken.

2.5   Psychologische Sicherheit

Der Begriff „psychologische Sicherheit" wurde vor allem von Amy Edmondson geprägt. Sie definiert psychologische Sicherheit als „eine Atmosphäre, in der sich Menschen sicher genug fühlen, um zwischenmenschliche Risiken einzugehen und Bedenken, Fragen und Ideen zu äußern." (Edmondson 2020, S.20) Schon in den neunziger Jahren gelangte sie nach eigenen Angaben eher durch Zufall zu der Erkenntnis, dass starke und erfolgreiche Teams sich dadurch auszeichnen, dass die Mitglieder sich frei und sicher fühlen, ihre Meinung zu äußern und die Stimme zu erheben. (Vgl. ebd.) Dies zeigte sich zunächst durch die etwas irritierenden Ergebnisse ihrer damaligen Studie, dass bessere Teams deutlich mehr Fehler zu machen schienen als Teams, die weniger erfolgreich eingestuft worden waren. Dies brachte Edmondson auf den Gedanken, dass es nur so schien, als ob diese Teams mehr Fehler machen würden und in Wahrheit schlicht mehr Transparenz über die Fehler herrschte, da diese offen kommuniziert wurden. Um dies zu prüfen, stellte sie einen Assistenten ein, der die Teams möglichst neutral beobachten sollte. Deswegen kannte er weder die Forschungshypothese noch die Ergebnisse der vorangegangenen Untersuchung oder die Einstufung der Teams. Tatsächlich fand er heraus, dass ein großer Unterschied zwischen Teams darin lag, ob ihre Mitglieder das Gefühl hatten, über Fehler sprechen zu können. Einige Teams gingen sehr offen mit den Fehlern um, kommunizierten und diskutierten sie. Dieses Ergebnis korrelierte sehr gut mit den Ergebnissen der vorherigen Studie, dass die leistungsstärkeren Teams mehr Fehler zu machen schienen. Die anfängliche Vermutung konnte bestätigt werden: Starke Teams „sprachen offen über die Risiken von Fehlern, wobei man oft nach Wegen suchte, um sie zu bemerken und zu verhindern." (ebd.)

Es dauerte noch etwas, bis Edmondson dieses Phänomen „psychologische Sicherheit" nannte. 1999 wurde eine weitere Studie, in der Edmondson sich explizit mit psychologischer Sicherheit befasste, veröffentlicht. Diese sollte später für eine Studie Googles, das „Project Aristotle" von großer Relevanz sein. (Vgl. ebd.) Im Rahmen des Projektes stellte sich heraus, dass psychologische Sicherheit innerhalb eines Unternehmens sehr unterschiedlich ausgeprägt sein kann und Einfluss auf die Leistung und das Lernverhalten eines Teams nimmt. Sie ist kein Merkmal einer Persönlichkeit, sondern das einer Umgebung, auf deren Gestaltung Führungskräfte Einfluss nehmen können. (Vgl. Edmondson 1999)

Ich glaube, dass jeder weiß, wie es sich anfühlt, wenn die Umgebung, in der er sich befindet, unsicher ist. Manchmal ist es ein Gefühl, etwas, das in der Luft liegt oder auch eine Erfahrung, die wir mit jemandem oder in einer Gruppe gemacht haben. Noch aus dem Schulunterricht kenne ich, dass ich mich bei einigen Lehrern nicht traute, mich zu melden oder nachzufragen, da ihre Reaktion vernichtend sein konnte. Anstatt ein sicheres Umfeld für gutes Lernen und Zusammenarbeit zu schaffen, hatten sie eine Atmosphäre der Angst, der Verunsicherung und des Gegeneinanders kreiert. Einzelne wurden bloßgestellt, ausgelacht oder bei besonders cholerischen Exemplaren auch mal mit Kreide oder Schlüsselbunden beworfen. Hier trauten sich nur wenige, sich verletzlich zu zeigen und Fragen zu stellen oder alternative Ideen und Vorschläge einzubringen. Selbst bei Konzerten habe ich erlebt, dass jemand aus der Band mit drohender Faust vor mir stand und mich so dazu bringen wollte, etwas anders bzw. in seinen Augen „richtig" zu machen. Es ist wohl leicht, sich vorzustellen, dass dies den gegenteiligen Effekt hatte: Verunsicherung, Widerstand, Dienst nach Vorschrift. Ich war nicht mehr frei, Kreativität konnte nicht fließen. Ich war von da an nur noch darauf bedacht, keine Fehler zu machen. Ich war nicht mehr in dem Moment und offen für das, was in der Musik passierte, geschweige denn frei, Risiken einzugehen, Ideen einzubringen, Impulse zu geben und mit den anderen Musikern „einzuloggen".

Wenn wir das auf den Unternehmenskontext übertragen: Wie viel Potenzial bleibt in so einem Umfeld ungenutzt? Wie viele Fehler werden vertuscht, anstatt dass sie offen angesprochen und daraus gelernt wird? Wie viele Fragen bleiben ungestellt und wie viele Gedanken werden nie geäußert?

Innovation wird in der heutigen Zeit immer wichtiger. Unternehmen, die am Markt bestehen wollen, müssen nicht nur schnell reagieren, sondern gestalten und durch Neugier und Erfindergeist Wachstum vorantreiben. Hierfür ist es notwendig, dass Zusammenarbeit funktioniert und die Mitarbeitenden sich mit ihren Fähigkeiten, Erfahrungen und ihrem Wissen einbringen. Ein unsicheres Umfeld, in dem Ideen zurückgehalten werden und Angst vor Fehlern herrscht, behindert Innovation. Da Künstliche Intelligenz immer mehr standardisierte Arbeiten übernehmen kann und dieses Feld rasant wachsen wird, gewinnt Wissensarbeit und auf Erfahrung und Intuition basierendes Handeln an Relevanz.

Interessant ist das ungenutzte Potenzial auch in Bezug auf das Thema Fachkräftemangel. Mitarbeitende, die innerlich gekündigt haben und sich nur noch so viel wie nötig einbringen, machen laut dem Bericht des Gall Up Engagement Index Deutschland 2024 inzwischen 78 % aus. Nur 9 % haben eine hohe emotionale Bindung zu ihrem Unternehmen. Kaum vorstellbar, wie viel Arbeitskraft, Ideen und Engagement hier verloren gehen. Würden mehr Unternehmen ein Umfeld schaffen, in dem Mitarbeitende ihr volles Potenzial einbringen wollen und können, wäre bereits ein großer Schritt in die richtige Richtung getan.

Welche Faktoren sind erforderlich, um eine psychologisch sichere Umgebung zu schaffen? Edmondson betont einen Punkt immer wieder: die **Wertschätzung**. Betrachten wir im nächsten Schritt weitere Faktoren, fällt auf, dass viele von ihnen auf Wertschätzung beruhen bzw. mit ihr einhergehen. Begegnen wir unseren Mitmenschen wertschätzend, impliziert dies, dass wir ihnen **Aufmerksamkeit** schenken. Wir zeigen **aufrichtiges Interesse, hören gut und aktiv zu**, nehmen die Sichtweise anderer ein und sind somit **empathisch**. Sind wir zu anderen wertschätzend, bringen wir ihnen gleichzeitig **Respekt** entgegen. Selbst **Demut** und **Verletzlichkeit** zu **zeigen** und zugeben zu können, Dinge nicht zu wissen oder Fehler einzugestehen, **Ratschläge anzunehmen** oder **um Hilfe** zu **bitten**, schafft eine Atmosphäre der Sicherheit und Offenheit. Weiterhin ist es wichtig, **verlässlich** zu **sein** – in dem was man tut und ist oder wie man reagiert.

Dies alles führt zu einem weiteren Kernfaktor: Es entsteht **Vertrauen**. Vertrauen, dass das Gegenüber sich in gleichem Maße öffnen kann, etwas von sich zeigt und sich traut, die eigene Stimme zu erheben und seine Persönlichkeit einzubringen.

Kurz und knapp.

Faktoren für eine psychologisch sichere Umgebung

- Wertschätzung

- Aufrichtiges Interesse und Aufmerksamkeit

- Aktives Zuhören

- Empathie und Perspektivwechsel

- Respekt

- Verlässlichkeit

- Vertrauen

Auch wenn Edmondson betont, dass psychologische Sicherheit ein Gruppen-
thema ist, sage ich aus meiner Erfahrung heraus, dass es auch hier Wechselwirkungen zwischen Individuen und der Gruppe gibt. Es ist spannend zu beobachten, wie sich die Dynamik in einer Gruppe verändert, wenn eine sehr
verunsicherte Person hinzukommt. Gerade in Stresssituationen kann diese
Unsicherheit enorm ansteckend sein. Wie soll ich anderen ein Gefühl von
Sicherheit geben, wenn ich mich selbst nicht sicher fühle? Und hat das Gefühl
von Unsicherheit und Angst nicht ihren Ursprung in unseren eigenen Wun-
den? Es wird also immer ein Thema des Teams und der Selbstentwicklung
sein – beides wirkt in beide Richtungen.

2.6   Die integrale Organisation

Frederic Laloux beschreibt in seinem Buch „Reinventing Organizations" neue
Formen der Zusammenarbeit, die Möglichkeiten, die darin liegen und wie
ganzheitliche, sinnstiftende und seelenvolle Organisationen aussehen können. Das folgende Kapitel bietet einen Überblick und Einblick in seine Theorie und ist an sein Buch „Reinventing Organizations" angelehnt.

Laloux ist der Meinung, dass in den heutigen Organisationen etwas schiefläuft, dass die Art und Weise, wie sie geführt werden, nicht mehr funktioniert.
Betrachten wir die neuesten Zahlen der bereits erwähnten Gallup-Studie
(Gallup 2025), stützt dies Laloux' Theorie. Wenn in Deutschland acht von
zehn Mitarbeitenden nur noch Dienst nach Vorschrift machen, läuft definitiv
etwas falsch. Dies ist kein vereinzeltes Problem mehr, sondern ein strukturel-
les, das alle Branchen und alle Hierarchieebenen betrifft. Es zeigt sich jedoch
nicht nur auf menschlicher Ebene – auch in Bezug auf unsere Umwelt wird
deutlich, dass sich etwas ändern muss. Wir können weder die Menschen noch
die Erde weiter ausbeuten, wir brauchen ein nachhaltiges, sinnstiftendes
Miteinander. Und weil diese Notwendigkeit zur Veränderung inzwischen so
deutlich ist, kommt Laloux zu dem Schluss, dass wir vor dem Sprung auf eine
neue Evolutionsstufe der Zusammenarbeit stehen. Ausgehend von dieser An-
nahme stellte er sich die Frage, wie Organisationen gestaltet sein müssen,
damit Menschen ihre Arbeit nicht nur als Notwendigkeit sehen, sondern Erfüllung und Sinn darin finden und ob dies überhaupt umsetzbar sei.

Bevor Laloux das Bild der neuen Stufe zeichnet, beschreibt er die bisherigen. Er betont dabei, dass die unterschiedlichen Stufen nicht gewertet
werden sollten. Eine Stufe ist nicht zwingend besser als eine andere. Und
gleichzeitig ist es so, dass eine höhere Stufe in der Regel mit mehr Wahlfreiheit
einhergeht, da das Denken ausgereifter und bewusster wird. Wichtig ist, dass

die jeweilige Ebene der Entwicklung zu dem Umfeld und den Anforderungen passt. Abb. 2.5 zeigt die einzelnen Stufen im Überblick.

Meiner Meinung nach werden wir nie irgendwo angekommen sein. Also ist es logisch, dass weitere Evolutionsstufen folgen werden. Wir müssen uns und unser Miteinander an die jeweiligen Herausforderungen anpassen und bauen immer weiter auf dem auf, was wir gelernt und erfahren haben.

Die ersten beiden Stufen, das reaktive Paradigma und das magische Paradigma, werden bei Laloux später weitestgehend ausgeklammert, weswegen sie hier nur kurz der Vollständigkeit halber genannt werden. Sie treten in der heutigen Zeit nur in wenigen Gruppen auf und sind sie bei Neugeborenen (reaktiv) und Kleinkindern (magisch) zu beobachten. (Vgl. Laloux 2015, S. 14 f.) Die darauffolgenden fünf Stufen finden sich auch heutzutage noch in Gruppen wieder, wenn auch in sehr unterschiedlicher Ausprägung.

Das **tribale** Paradigma ist geprägt von Angst und Machtausübung und in entwickelten Ländern eher eine Randerscheinung. Beispielhafte Organisationsformen sind die Mafia oder Straßengangs. Die wichtigsten Durchbrüche auf dieser Stufe liegen in der Arbeitsteilung und der Top-down-Autorität. Tribale Organisationen sind auf die Gegenwart ausgerichtet, oft instabil und nicht im Stande, Strategien oder Pläne zu entwickeln. Sie eignen sich in feindlichen und chaotischen Umgebungen. Dort können sie äußerst effektiv reagieren.

Traditionelle Organisationen, wie beispielsweise die Kirche oder das Militär, zeichnen sich durch festgelegte und wiederholbare Prozesse aus und durch

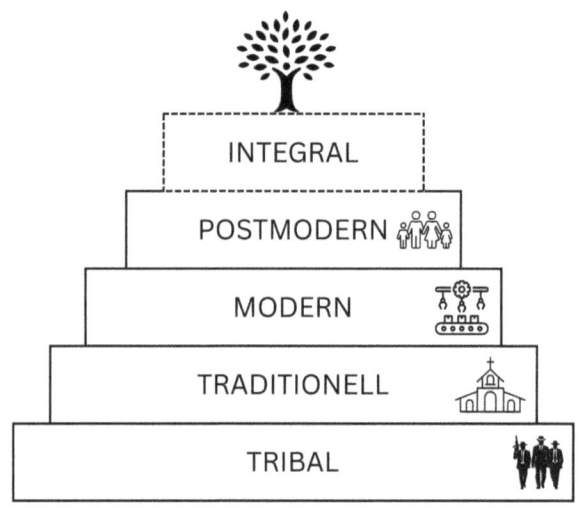

Abb. 2.5 Evolutionsstufen nach Laloux. (Quelle: in Anlehnung an Laloux 2015, S.35; Laloux 2017, S.19)

ein stabiles und hierarchisches Organigramm. Rollen sind festgelegt und Menschen identifizieren sich mit ihnen. Wissen ist dank der eingeführten Prozesse nicht mehr von Einzelnen abhängig – somit ist jeder ersetzbar. Diese Organisationsform setzt ein stabiles und vorhersehbares Umfeld voraus.

Durchbrüche **moderner** Organisationen liegen laut Laloux in Innovation, Verlässlichkeit und dem Leistungsprinzip. Die Welt wird in ihrer Komplexität gesehen, Zusammenhänge untersucht und verstanden und sich vorgestellt, wie ein „Was wäre, wenn?" aussehen kann. Für Organisationen wird die Metapher der Maschine genutzt. Dies zeigt neben all den Errungenschaften und der Energie dieser Stufe, wie kalt und unpersönlich es sich anfühlen kann. Ein weiterer interessanter Aspekt, den Laloux beschreibt ist, dass eigentlich alle Grundbedürfnisse erfüllt sind und künstlich neue Bedürfnisse geschaffen werden: Wachstum um des Wachstums willen. Es fehlt oft der Sinn und die Verbundenheit und viele Menschen fühlen sich innerlich leer.

In **postmodernen** Organisationen wird hingegen gerne das Bild der Familie genutzt, in der Wert auf Empowerment und die Kultur gelegt wird und möglichst alle Stakeholder berücksichtigt werden sollen. In dieser wertorientierten Kultur, der Zusammenführung unterschiedlicher Interessensgruppen und der Ermächtigung der Mitarbeitenden, besteht auch der Durchbruch dieser Stufe. Laloux nennt hier beispielhaft Unternehmen wie Ben & Jerry's oder Southwest Airlines. Das postmoderne Paradigma ist sehr effektiv, um alte Strukturen aufzubrechen, jedoch wenig geeignet, praktikable Alternativen zu entwickeln. Findet man die moderne Weltsicht häufig in der Politik und der Wirtschaft, genießt die postmoderne Weltsicht in gemeinnÜtzigen Organisationen, bei Akademikern oder Aktivisten ein hohes Ansehen.

Die Bewusstseinsstufe, die sich aktuell herausbildet, bezeichnet Laloux als **integral**. In den vorangegangenen Stufen nehmen Menschen an, dass ihre Sicht auf die Welt alleingültig ist. Mit dem Sprung zur integralen Stufe ändert sich dies, denn Menschen, die sich hierhin entwickeln, nehmen eine andere Perspektive ein und erkennen an, „dass es eine Evolution des Bewusstseins gibt". (ebd. S.43)

Um diese Stufe zu erlangen, ist es notwendig, das eigene Ego zurückzunehmen. Wird aus dem Ego gehandelt, ist dies mit Angst verbunden. Angst vor Bewertung, Erwartungen nicht zu erfüllen oder nicht dazuzugehören. Wenn das Ego losgelassen wird und nicht mehr im Vordergrund steht, gibt es keine Notwendigkeit mehr, etwas zu tun, um anderen zu gefallen oder sich profilieren zu müssen. Der Weg zu dem eigentlichen Ich und einer tieferliegenden Weisheit wird frei.

Lassen wir die Angst gehen, machen wir Platz für etwas Neues: Vertrauen. Wenn wir Vertrauen wachsen lassen, kann dies den Blick auf die Welt verändern. Laut Laloux gibt es zwei Sichtweisen: die aus Mangel und Angst und die aus Fülle und Vertrauen. Menschen, die in der integralen Entwicklungsstufe sind, gehen davon aus, dass sie getragen werden und egal vor welche Herausforderungen sie gestellt werden, ob Fehler oder Unerwartetes passieren, es letztendlich gut ausgehen wird. Und auch wenn es sich manchmal zuerst nicht so anfühlt, sind dies Gelegenheiten zum Lernen und Wachsen.

Auf der integralen Stufe geht es nicht mehr darum, von anderen Anerkennung zu erhalten, im klassischen Sinne erfolgreich zu sein oder geliebt zu werden. Es geht darum, „der wahrhaftigste Ausdruck unseres tiefsten Selbst zu werden" (ebd. S. 45) Dies macht es leichter, eigene Grenzen anzunehmen, den Fokus auf Potenziale, anstatt auf Defizite zu legen, nach Möglichkeiten zu suchen, anstatt sich über Verpasstes zu ärgern und Bewertung durch Wertschätzung und Empathie zu ersetzen.

Im modernen Kontext musste alles den Ansprüchen der Rationalität genügen, wohingegen analytische Ansätze auf der postmodernen Stufe teilweise ganz abgelehnt und rein emotional entschieden wurde. In der integralen Stufe werden alle Formen des Wissens genutzt und anerkannt: Rationalität, Emotionen und Intuition. Das kommt uns doch aus dem Jazz bekannt vor …

Außerdem wird auf dieser Stufe die Fähigkeit erlangt, in Widersprüchen zu denken. Das „Entweder-oder-Denken" weicht dem „Sowohl-als-auch-Denken". Es wird erkannt, dass Dinge, die bislang als Gegensätze betrachtet wurden, sich gegenseitig brauchen. Licht und Schatten, Gemeinschaft und Alleinsein.

Unweigerlich bringen diese Aspekte eine weitere Veränderung mit sich. Wenn in Vertrauen und Fülle gelebt wird, Bewertung durch Wertschätzung und Empathie ersetzt wird und ein „Sowohl-als-auch-Denken" etabliert ist, ist das Nicht-Urteilen eine logische Konsequenz. Es ist so möglich, die eigene Sichtweise zu hinterfragen und auch dann, wenn man zu der Meinung gelangt, dass diese Sicht mehr Wahrheit enthält, das Gegenüber wertzuschätzen und als gleich wertvoll anzusehen. Laloux ist der Meinung, dass dies zu einem tieferen Zuhören führt und auf diese Weise andere dabei unterstützt werden können, zu ihrer Stimme und Wahrheit zu gelangen.

All diese Faktoren führen zu einem ganzheitlichen (holistischen) Wissen und Denken und zu dem Bewusstsein, ein Teil von etwas Großem zu sein. Es geht um etwas Übergeordnetes, das durch das Zurückweichen des Egos erkannt und dem jetzt Raum gegeben wird. Menschen auf dieser Stufe entwickeln das Bedürfnis, sich auch im Arbeitsumfeld mit ihrer ganzen Persönlichkeit einzubringen und sich dort nicht hinter einer Maske oder in einer Rolle zu verstecken und sich von sich selbst abzuspalten.

Kurz und knapp.

Merkmale der integralen Organisation

- **Das Ego loslassen**
  Der Weg zum eigentlichen Ich und einer tieferliegenden Weisheit wird frei.

- **Vertrauen und Fülle**
  Statt Angst und Mangel.

- **„Sowohl-als-auch-Denken"**
  Denken in Paradoxien, Gegensätze bedingen sich.

- **Nicht bewerten**
  Andere trotz anderer Meinung als wertvoll ansehen. Führt zu tieferem Zuhören und Verstehen anderer und unterstützt sie, bei sich anzukommen.

- **Ganzheitlichkeit**
  Teil von etwas Größerem sein und sich auch im Arbeitsumfeld mit der ganzen Persönlichkeit einbringen können. Ganzheitliches Wissen: rational, analytisch, emotional, intuitiv.

Literatur

Crossan, M., Sorrenti, M., (2002). *Making sense of improvisation.* In: Kamoche, K., Cunha, M., Cunha, J. (Hrsg.): Organizational Improvisation. 2002. Routledge. New York. S. 29–51.

Dell, C., (2012). *Die improvisierende Organisation. Management nach dem Ende der Planbarkeit.* Transcript. Bielefeld.

Edmondson, A., (1999). *Psychological Safety and Learning Behavior in Work Teams.* In: Administrative Science Quarterly 44.2. 1999. S. 350–83

Edmondson, A., (2020). *Die angstfreie Organisation.* Vahlen. München.

Weick, K., (2002). *Improvisation as a mindset for organizational analysis.* In: Kamoche, K., Cunha, M., Cunha, J. (Hrsg.): Organizational Improvisation. Routledge. New York. S. 52-72.

Gallup, (2025). *Gallup Engagement Index Deutschland 2024.* https://www.gallup.com/de/472028/bericht-zum-engagement-index-deutschland.aspx. Zugegriffen: 14. März 2025

Laloux, F. (2017). *Reinventing Organizations. Visuell. Ein illustrierter Leitfaden sinnstiftender Formen der Zusammenarbeit.* Vahlen. München.

Laloux, F. (2015). *Reinventing Organizations. Ein Leitfaden zur Gestaltung sinnstiftender Formen der Zusammenarbeit.* Vahlen. München.

Madson, P. R., (2005). *improv wisdom. Don´t prepare, just show up.* New York: Bell Tower.

Weiterführende Literatur

Barrett, F., (2002). *Creativity and improvisation in jazz and organizations.* In: Kamoche, K., Cunha, M., Cunha, J. (Hrsg.): Organizational Improvisation. 2002. Routledge. New York. S. 138–165.

Barrett, F., (2012). *What Leaders Can Learn From Jazz.* https://hbr.org/podcast/2012/08/what-leaders-can-learn-from-ja . Zugegriffen: 05. Januar 2025

Klein, D., (2017). *Dan Klein on the Power of Improvisation.* Singularity Hub. https://www.youtube.com/watch?v=wjYLt1Rh76A. Zugegriffen: 07. Januar 2025

Scheller, T., (2017). *Auf dem Weg zur agilen Organisation. Wie Sie ihr Unternehmen dynamischer, flexibler und leistungsfähiger gestalten.* Vahlen. München.

Schreyögg, G., Koch, J., (2015). *Grundlagen des Managements. Basiswissen für Studium und Praxis.* Springer Gabler. Wiesbaden.

3

Solo Nummer Eins.

Das Solo ist zentraler Bestandteil eines Jazzstücks.
Es basiert auf den Harmonien und der Melodie des Themas und
ist Ausdruck persönlicher Kreativität und Interpretation.

Zusammenfassung Dieses Kapitel lädt dazu ein, die Brücke zu schlagen – von Theorie zu gelebter Praxis, von Struktur zu Spielraum, von Konzept zu Kultur.

Nachdem wir uns im letzten Kapitel einen Überblick über drei zentrale Ansätze der modernen Arbeitskultur verschafft haben (Agilität, psychologische Sicherheit und die integrale Organisation), werden wir uns in diesem Kapitel Gemeinsamkeiten und Wirkungszusammenhänge ansehen. Dem einen oder anderen werden schon einige ins Auge gefallen sein. Besonders spannend ist, dass es unterschiedliche Gedanken und Ansätze gibt, die letztendlich auf der gleichen Grundidee basieren und ein ähnliches Bild von einem neuen Miteinander zeichnen. Ebenso können die Ansätze zusammenwirken, sich gegenseitig stärken und voneinander profitieren und nähren. Letztendlich werden wir sehen, dass sich das Mindset Improvisierender in jedem dieser Ansätze wiederfindet.

Finden wir heraus, wie wir die Kräfte vereinen und gemeinsam ein starkes Miteinander schaffen.

A. Diedrichsen, *Können, was kommt: Mit angewandter Improvisation durch unsichere Zeiten*, https://doi.org/10.1007/978-3-658-49170-3_3

3.1   Agilität und Improvisation – zwei Seiten derselben Medaille?

Da die heutige Geschäftswelt von immer mehr Unsicherheit, Komplexität und schnellen Veränderungen geprägt ist, gewinnt Agilität zunehmend an Bedeutung. Unternehmen müssen nach Möglichkeiten suchen, schneller zu reagieren, flexibler zu agieren und innovative Lösungen zu entwickeln. Unter diesem Aspekt besitzen Agilität und Improvisation viele Gemeinsamkeiten. Und trotz vieler Parallelen gibt es auch einige Unterschiede. Diese finden wir beispielsweise in Strukturen, Zielorientierung oder Gestaltungsfreiraum.

Dieses Kapitel beleuchtet die Verbindung zwischen Agilität und Improvisation, stellt agile Methoden vor, die sich besonders gut mit dem Mindset Improvisierender verbinden lassen, und zeigt, wie Unternehmen die Prinzipien der angewandten Improvisation nutzen können, um Agilität im Unternehmen zu fördern.

Im ersten Kapitel wurde „improvisieren" aus dem Lateinischen abgeleitet. In Improvisation steckt genauso das Englische „improve", was mit weiterentwickeln oder verbessern übersetzt werden kann. Und schon befinden wir uns mitten im Thema Agilität: Design Thinking, Lean Management, Scrum – um nur ein paar Ansätze zu nennen, die Weiterentwicklung und ständige Verbesserung als Grundlage haben.

Wie kann angewandte Improvisation agile Methoden unterstützen oder ergänzen? Es gibt viele Übereinstimmungen oder Ähnlichkeiten zwischen agilen Methoden und Improvisation. Testen, schnelles Anpassen, Selbstorganisation, keine/flache Hierarchien, Flexibilität, Vorgaben von Rahmen, die situations- und bedarfsgerecht angepasst werden. Dabei lassen einige Methoden mehr Freiraum für Improvisation und weisen eine größere Übereinstimmung auf, während bei anderen der Gestaltungsspielraum etwas geringer ist.

Eine gemeinsame Haltung
Agilität und Improvisation erscheinen auf den ersten Blick wie zwei verwandte Ansätze: iteratives Vorgehen, hohe Flexibilität und Anpassungsfähigkeit und die Betrachtung von Unerwartetem als Chance und Möglichkeit. Beide Ansätze fußen auf der Haltung, offen und optimistisch bzw. vertrauensvoll mit Unsicherheit umzugehen und auf neue Umstände und Veränderungen kreativ zu reagieren.

Wie wir schon gesehen haben, bietet der Jazz ein sehr anschauliches Bild für dieses Mindset. Es gibt einen gegebenen Rahmen – Tonart, Tempoabsprachen, Akkordfolgen – innerhalb dessen die Musiker die Freiheit haben zu improvisieren. Sie arbeiten mit der gegebenen Struktur, interpretieren, dehnen und „verformen" sie. Dafür müssen sie aufeinander hören, Impulse aufnehmen und setzen, sich flexibel den Gegebenheiten anpassen und so gemeinsam das musikalische Geschehen gestalten.

Bei agilen Teams in Unternehmen ist dies vergleichbar: Der Rahmen ist gegeben, das Ziel definiert, es muss angepasst, nachgebessert und flexibel auf sich ändernde Anforderungen reagiert werden. Pläne werden dynamisch angepasst und iterierenden Prozessen wie Scrum oder Kanban gefolgt. Wie im Jazz entsteht Qualität durch das Zusammenspiel von Flexibilität und Struktur sowie dem Miteinander der Mitglieder – und nicht durch strenge Kontrolle.

Im Unterschied zu agilen Methoden lässt sich der Rahmen in der Improvisation noch freier dehnen – und bei Bedarf sogar sprengen. Scrum hat z. B. ein sehr striktes Rahmenwerk und zeitliche Vorgaben. Und die Frage ist auch hier wieder: Wo und wann macht es hier für ein Team/ein Unternehmen Sinn, Vorgaben bewusst zu umgehen oder zu verändern, damit sie auf die speziellen Umstände und Voraussetzungen passen? Meiner Meinung nach gibt es selten etwas, das wirklich immer genau so gemacht werden muss, egal in welchem Kontext. Meist braucht es doch ein gewisses Augenmaß, um situations- und bedarfsgerecht vorzugehen.

Agile Methoden mit Impro-Wurzeln

Unterschiedliche agile Methoden bieten unterschiedliche Freiheit für Improvisation. Einige bieten mehr Gestaltungsspielraum als andere, die festere Strukturen und Prozesse vorgeben. Folgende Methoden lassen sich besonders gut mit angewandter Improvisation vereinbaren:

- **Scrum:** Ein Framework, basierend auf kurzen Entwicklungszyklen (Sprints), in denen die Teams regelmäßig anpassen, reflektieren und weiterentwickeln. Der Rahmen ist zeitlich und strukturell klar vorgegeben, innerhalb des Rahmens gibt es Freiheit für die Ausgestaltung.

- **Design Thinking:** Ein Ansatz, der sehr systematisch ist und das Team durch das Einnehmen der Nutzer-Perspektive Ideen entwickeln lässt, die das Problem des Nutzers beheben sollen. Design Thinking ist kollaborativ und ermutigt Teams, kreativ mit Unsicherheit umzugehen. Mit Prototypen werden iterativ Lösungen entwickelt, wobei der Prozess offen und erforschend ist und eine Haltung erfordert, die Veränderungen als Chance begreift – ein zentraler Gedanke der Improvisation.

- **Lean Startup:** Im Kern steht der Zyklus „Build-Measure-Learn", was sehr nah an dem Mindset Improvisierender ist: Ideen werden schnell getestet, es wird Feedback gesammelt und iterativ angepasst. Es geht vielmehr um schnelles Lernen in der Praxis als um langfristige Planung.

Was all diese Methoden gemeinsam haben, ist, dass sie nicht an starren Plänen ausgerichtet sind, sondern auf Flexibilität, Reaktionsfähigkeit, schnelles Lernen und kreative Lösungsfindung setzen. Sie erfordern also ein hohes Maß an professioneller Improvisation.

Improvisation ist allerdings oft noch radikaler als Agilität. Muss diese sich oft noch strenger innerhalb des gesetzten Rahmens bewegen, bietet Improvisation noch mehr Freiheit, diesen zu dehnen und zu durchbrechen, alternative Wege zu suchen und sich aus dem Moment heraus neu zu erfinden.

Kurz und knapp.

Wie angewandte Improvisation Unternehmen bei der agilen Transformation unterstützen kann

Die Praxis zeigt, dass sich viele Unternehmen schwer damit tun, agile Prinzipien praktisch anzuwenden und umzusetzen. Traditionelle Strukturen und Denkweisen sind oft tief verankert und so reicht es nicht allein, agile Methoden einzuführen. Es muss ein Umfeld und eine Haltung geschaffen werden, die das agile Mindset fördert und die Methoden wirkungsvoller werden lässt. Hier kann angewandte Improvisation als Brücke dienen:

- **Förderung einer flexiblen Unternehmenskultur**
  Durch professionelle Improvisation lernen Menschen, Sicherheit im Umgang mit Unsicherheit zu erlangen. Das hilft dabei, Veränderungen nicht mehr als Bedrohung, sondern als Chance zu sehen. Hinzu kommt, dass Führungskräfte, die das Mindset Improvisierender übernommen haben, ein Umfeld schaffen, in dem sich Agilität leichter entfalten kann.

- **Verbesserung der Kommunikations- und Kollaborationsfähigkeit**
  Für eine Jazzband gilt: Das Zusammenspiel ist entscheidend. Dies ist ebenso bei agilen Teams. Angewandte Improvisation und das Impro-Mindset schulen aktives Zuhören, genaues Beobachten und Wahrnehmen, das gegenseitige Unterstützen sowie flexible und intuitive Reaktion.

- **Mut zu Fehlern**
  Im Jazz darf auch mal etwas „schiefgehen". Dadurch ergibt sich erst die Möglichkeit, dass etwas Neues entstehen kann. Es wird darauf vertraut, dass Fehler als Inspirationsquelle dienen, sich neue Türen öffnen und Innovation geschieht. Wenn Unternehmen ein Impro-Mindset fördern, schaffen sie für ihre Mitarbeitenden ein Umfeld, in dem sie mutiger experimentieren können – ein grundlegender Baustein für echte Agilität.

- **Herausforderungen mit Kreativität begegnen**
  Anforderungen und Umstände ändern sich ständig. Agile Teams müssen kreative Wege finden, um damit umzugehen. Improvisationstechniken wie „Ja, und …" unterstützen Teams, Ideen Raum zu geben und sie weiterzuentwickeln, anstatt sie vorschnell abzuwinken.

Die Haltung macht's. 80 % Mindset und 20 % Tools, das haben Agilität und Improvisation gemeinsam. Das strukturierte Vorgehen agiler Methoden hilft Unternehmen dabei, sich flexibel und schnell an neue Gegebenheiten anzupassen und sie zu gestalten. Ihr volles Potenzial entfalten die Methoden jedoch erst, wenn in einem Unternehmen eine improvisierende Haltung kultiviert wird.

Wie viel Raum gibt es bei dir im Unternehmen für Improvisation? Welche agilen Methoden nutzt ihr? Inwiefern fördern diese Kreativität und Innovation?

3.2   Improvisation und psychologische Sicherheit

Improvisation erfordert Mut. Mut, sich bewusst ins Ungewisse zu begeben und dabei das Risiko des Scheiterns einzugehen. Doch entsteht dieser Mut nicht im luftleeren Raum. Menschen müssen sich sicher fühlen – dazu gehört es, Fehler machen zu dürfen, gehört zu werden und authentisch sein zu können.

Hier treffen Improvisation und psychologische Sicherheit aufeinander: Beide setzen auf Vertrauen, Offenheit und auf das kreative Potenzial zwischenmenschlicher Interaktion. In Organisationen, in denen es keine psychologische Sicherheit gibt, kann es keine professionelle Improvisation geben. Gleichzeitig entsteht dort, wo improvisiert und das Mindset Improvisierender gelebt wird, eine Umgebung, die Sicherheit wachsen lässt. In diesem Kapitel wird diese Wechselwirkung zwischen den beiden Konzepten beleuchtet, Parallelen aufgezeigt und dargelegt, wie angewandte Improvisation zur Förderung der psychologischen Sicherheit in Unternehmen beitragen kann.

Psychologische Sicherheit und Improvisation finden beide nicht im isolierten Raum, sondern in Gruppen statt und formen sich durch die Verbindung der einzelnen Persönlichkeiten und Personen. Improvisation entsteht in der Wechselwirkung mit anderen, im Austausch und im Aufgreifen der Impulse. Durch das gemeinsame Üben und Ausprobieren in einer Band wird der Zusammenhalt gestärkt, Vertrauen und Sicherheit geschaffen und ein Bandsound bzw. Stil entwickelt, der sich aus den Stilen der einzelnen Mitglieder zusammensetzt.

Es ist nur möglich, frei zu improvisieren, im Moment zu sein und sein ganzes Ich einzubringen, wenn man sich sicher fühlt, sich keine Sorgen darüber machen muss, ob und wie das Spiel bewertet wird oder befürchten muss, bloßgestellt oder bestraft zu werden, wenn vermeintliche Fehler passieren. Es fällt leichter bzw. wird erst dann möglich, etwas zu riskieren und zu experimentieren, wenn die Sicherheit besteht, aufgefangen zu werden und bei Bedarf Unterstützung zu erhalten. Daneben ist es wichtig, aufrichtige Rückmeldungen und Inspiration von anderen zu bekommen und gemeinsam ein übergeordnetes Ziel zu verfolgen. Es geht nicht um die Darstellung des Einzelnen und dessen Ego, sondern um das Gelingen im Miteinander. Dies alles beschreibt ebenso eine psychologisch sichere Umgebung. Eine Jazzband benötigt eine psychologisch sichere Umgebung. Und eine psychologisch sichere Umgebung bedient sich des Mindsets Improvisierender.

Eine der Grundvoraussetzungen für gute und professionelle Improvisation ist also Sicherheit. Sie setzt sich zum einen aus einer sicheren Umgebung, zum anderen aus Selbstsicherheit, dem Vertrauen in das eigene Können und das Bewusstsein darüber zusammen. Fehlt dieses Fundament, ist nur reaktive Improvisation und keine wirkliche Innovation und Neuschöpfung möglich. Es wird überlebt, aber es entsteht keine Kreativität. Parallel zur psychologischen Sicherheit befinden wir uns dann in einer Zone der Apathie oder Angst (siehe Abb. 3.1) und sind weit entfernt von dem Bereich des Lernens und der Begeisterung.

Daneben wird noch einmal deutlich, wie wichtig die Entwicklung des Einzelnen ist. Ich habe so oft erlebt, dass eine Gruppe, die gemeinsam einen sicheren Raum geschaffen hatte, diesen durch das Dazukommen einer einzelnen Person verlor. Dies geschah aus unterschiedlichen Gründen. Manchmal kam eine Person hinzu, die so unsicher war und so wenig Selbstbewusstsein hatte, dass sich dies unbewusst auf die Gruppe übertrug. Um anderen Sicherheit zu geben, muss ich mich selbst geerdet und sicher fühlen. Ich muss mir meines Könnens und Nicht-Könnens bewusst sein, ich muss mir selbst trauen können, um anderen zu vertrauen. Wenn ich der Überzeugung bin, dass ich mich auf niemanden verlassen kann, wird es anderen schwerfallen, sich auf mich zu verlassen. Auch spannend ist es zu beobachten, was passiert, wenn eine Person zu der Gruppe stößt, die unauthentisch oder destruktiv und herablassend ist. Die Stimmung kann sich innerhalb weniger Sekunden ändern und von Offenheit und Risikobereitschaft in Zurückhaltung und Abwägen übergehen. Gleichzeitig gibt es Personen, die einen Raum betreten und solch eine Sicherheit und Vertrauen ausstrahlen, dass Menschen sich direkt öffnen und mitteilen mögen.

Auch Edmondsons Darstellung von psychologischer Sicherheit und Leistungsstandards (Abb. 3.1) lässt sich auf die Qualität angewandter Improvisation übertragen.

In dem linken unteren Quadranten, der Apathiezone, ist keine hochwertige Improvisation zu erwarten. Der Improvisierende fühlt sich weder sicher genug, um sich auszuprobieren und Neues zu wagen, noch ist dies aufgrund der geringen Anforderung notwendig.

	Niedrige Standards	Hohe Standards
Hohe psychologische Sicherheit	Komfortzone	Zone des Lernens und der Begeisterung
Niedrige psychologische Sicherheit	Apathiezone	Angstzone

Abb. 3.1 Psychologische Sicherheit und Leistungsstandards nach Edmondson. (Quelle: in Anlehnung an Edmondson 2020, S.16)

Auch in dem linken oberen Quadranten besteht kein Anlass für professionelle Improvisation. Zwar ist hier durch die hohe psychologische Sicherheit eine Voraussetzung dafür vorhanden, jedoch gibt es keinen Bedarf und keine Impulse, die Improvisation erfordern. Die Bezeichnung als Komfortzone ist also sehr passend, da sich auf Vorhandenem ausgeruht wird und keine Entwicklung stattfinden muss.

Herausfordernd wird es in dem Bereich der Angstzone. Es werden hohe Leistungsstandards gesetzt, aber keine psychologische Sicherheit geboten. Aus dem Nähkästchen: Kurz vor Konzertbeginn versammelt sich die Band in der Garderobe. Der Bandleader möchte noch ein paar Worte sagen, um sicherzustellen, dass es ein schöner Konzertabend wird. Dabei baut er enormen Druck auf, indem er droht, was passiert, wenn etwas schiefläuft, andere erniedrigt, sie bloßstellt und lächerlich macht. Vorhersehbar, dass unter diesen Voraussetzungen keine große Improvisation, kein Verschmelzen und keine Innovation von den Musikern zu erwarten ist. Alle werden versuchen, den Auftritt zu überleben, den Bandleader zufriedenzustellen, um der drohenden Bestrafung oder Demütigung zu entgehen, aber nicht auf ihr ganzes Potenzial zurückgreifen können.

Erst in dem Bereich der Zone des Lernens und der Begeisterung ist mit wirklicher und professioneller Improvisation zu rechnen. Hier stimmen beide Faktoren, das Fundament aus der psychologischen Sicherheit und der Anreiz durch die hohen Leistungsstandards. Es kann das volle Potenzial entfaltet werden, Kreativität und Innovation können fließen.

Was deutlich wird ist, dass psychologische Sicherheit allein nicht zu den besten Ergebnissen führt. Es kann passieren, dass sich auf ihr ausgeruht wird. Deshalb ist es erforderlich, dass Impulse und Anreize vorhanden sind, die Menschen aus der Komfortzone herauslocken und Wachstum fordern und fördern. Zum anderen liegt der Gedanke nah, dass Menschen sich in den vier beschriebenen Bereichen unterschiedlich wohl fühlen und dies sich auch auf ihre Gesundheit auswirken kann. In der Apathiezone fühlen sich Menschen eventuell nicht wertgeschätzt, sehen keinen wirklichen Nutzen in ihrer Arbeit und finden keine Erfüllung in ihr. In der Angstzone stehen die Menschen unter Druck, leiden unter Stress und Angst und fühlen sich oft überfordert und dabei nicht getragen. In der Komfortzone passiert es, dass die Menschen sich zwar wertgeschätzt fühlen, jedoch eigentlich spüren, dass sie nicht weiterkommen, ihnen Ansporn und Anregung fehlt und sie sich nicht entfalten können. Wie und ob sich diese einzelnen Aspekte auf die Gesundheit der Menschen auswirken, wird sehr unterschiedlich sein. Naheliegend ist, dass Menschen, die sich getragen fühlen und immer wieder zur Entwicklung angestoßen werden, zufriedener und erfüllter sind und darin ein Aspekt der Gesunderhaltung liegen kann.

Kurz und knapp.

Wie kann Improvisation psychologische Sicherheit fördern?
Improvisation braucht psychologische Sicherheit und kann diese auch gezielt fördern. In Übungen aus der angewandten Improvisation wird ein geschützter Raum geschaffen, in dem Teams neue Arten der Kommunikation und Zusammenarbeit ausprobieren können. Dafür werden Prinzipien genutzt, die unmittelbar die psychologische Sicherheit stärken:

- „Ja, und …" statt „ja, aber …"
  Durch diese grundlegende Regel der Improvisation wird wertschätzende Kommunikation und aktives Zuhören gefördert. Es wird auf Ideen aufgebaut, anstatt diese zu blocken und eine Haltung kultiviert, die sagt: „Deine Idee ist willkommen – und ich baue darauf auf."

- **Gegenseitige Unterstützung im Team**
  In einer Jazzband wird aufeinander geachtet und von jedem Einzelnen Verantwortung für die Gestaltung eines Stücks übernommen. Dies kann auf Unternehmen übertragen werden – wenn das Team weiß, dass jeder Einzelne die Gruppe mitträgt, wächst die Sicherheit, Risiken und neue Wege einzugehen und sich zu zeigen.

- **Scheitern als Teil des Spiels**
  In der Improvisation gibt es keine Fehler – es hängt immer vom Kontext ab, in den sie gesetzt werden. Sie sind Teil des kreativen Prozesses und Innovationskraft. Dadurch, dass der Umgang mit Fehlern eher spielerisch und erkundend ist, sinkt die Angst davor und öffnet den Raum für unkonventionelle und mutigere Beiträge.

- **Erlebbare Prinzipien**
  Angewandte Improvisation macht psychologische Sicherheit spürbar. So wird es möglich, das Prinzip nicht nur zu verstehen, sondern es körperlich zu erfahren – wie es sich anfühlt, gehört zu werden, mit Unsicherheit umzugehen, angenommen zu werden und die Perspektive anderer einzunehmen. Die Erfahrung geht somit tiefer und das Lernen wird nachhaltiger.

Fazit – Sicherheit schafft Freiheit

Improvisation und psychologische Sicherheit lassen sich wie eine aufwärtsstrebende Spirale beschreiben, in der ein Element das andere vorantreibt und auf ein höheres Niveau hebt. Es ist wie die Frage nach der Henne und dem Ei – es lässt sich nicht sagen, ob die Spirale mit Improvisation oder psychologischer Sicherheit beginnt. Es ist jedoch klar, dass ein Zusammenhang besteht, der in beide Richtungen wirkt. Psychologische Sicherheit kann ein Wirkkraftverstärker für Improvisation sein, und angewandte Improvisation braucht psychologische Sicherheit und kann diese zeitgleich erzeugen und wachsen lassen.

Dabei ist wichtig, dass Improvisation nicht automatisch psychologische Sicherheit fördert. Ist psychologische Sicherheit eher als Zustand zu betrachten, der durch kulturelle Entwicklung, Führung und systematische Teamarbeit gewachsen ist, ist Improvisation eher ein Prozess, der starke Impulse geben kann, um die Entstehung psychologischer Sicherheit zu ermöglichen oder zu unterstützen.

Improvisation und psychologische Sicherheit sind beide die Grundlage für lernende, kreative und resiliente Organisationen und in einer Welt, die von immer mehr Unvorhersehbarkeit geprägt ist und deswegen eine geringe Planbarkeit zulässt, essenziell. Menschen können nur dann professionell improvisieren, wenn sie sich sicher fühlen. Und zu improvisieren, ermöglicht ihnen kreativ und mutig mit Veränderungen umzugehen.

3.3   Die integrale Organisation und das Impro-Mindset

Auf den ersten Blick könnte man meinen, dass die integrale Organisation eine Jazzband ist. Fast alle Aspekte, die Laloux in seinem Buch „Reinventing Organiatizations" vorstellt, entsprechen dem Ansatz der angewandten Improvisation. Integrale Organisationen setzen auf dezentrale Entscheidungsfindung, Selbstführung, einen ganzheitlichen Ansatz und Denken und einen übergeordneten Purpose. Dies gilt genauso für angewandte Improvisation.

Außerdem beschreiben beide ein lebendiges System, das auf Vertrauen statt auf Kontrolle, auf Entwickeln und Anpassen statt auf starre Pläne und auf zwischenmenschliche Beziehungen statt auf funktionale Rollen setzt.

Angewandte Improvisation bietet hier das passende Erfahrungsfeld:

- Wie gelingt es, trotz unvollständiger Informationen aus dem Moment heraus zu handeln?

- Wie können Beziehungen auf Augenhöhe aufgebaut werden?

- Wie gelingt es als Team anpassungsfähig zu bleiben und dabei nicht die Orientierung zu verlieren?

- Wie lassen sich Fehler als Impulse für Wachstum und Entwicklung nutzen?

Parallelen zwischen den beiden Ansätzen finden sich unter anderem darin, **anzunehmen, was da ist**, dem **Nicht-Urteilen** und dem dafür zugrunde liegenden **Vertrauen**. Es kann also keine wirklichen Fehler geben. Sie sind Teile des Weges und Angebote, aus denen gelernt und an denen gewachsen wird. Diese Sichtweise in Bezug auf den Umgang mit Fehlern sowie der Gedanke, dass nicht die Angst, sondern das **Vertrauen** das vorherrschende Gefühl und die **Basis des Miteinanders und des Handelns** ist, finden sich in allen Ansätzen dieses Kapitels wieder.

Es ist spannend zu sehen, wie zwar unterschiedliche Bilder und Worte genutzt werden und gleichzeitig der Grundgedanke und die Vision eines wertvollen Miteinanders übereinstimmt. Dass sich dann daraus gleiche oder sich entsprechende Prinzipien und Merkmale ableiten lassen, ist nicht überraschend. Genauso wenig wie es überrascht, dass all diese Prinzipien sich gegenseitig beeinflussen, bedingen oder eine logische Konsequenz sind.

Wenn das Ego nicht mehr im Vordergrund steht, hat dies vielfältige Auswirkungen. Auf uns selbst und auf unser Umfeld. Denn dadurch, dass wir uns nicht profilieren müssen, nicht auf die Anerkennung anderer angewiesen sind, da wir uns genug und mit uns im Einklang sind, können wir anderen Raum geben. Wir können sie sogar nicht nur das tun und sein lassen, was sie möchten, (solange es niemandem schadet…), sondern sie dabei aufrichtig, ohne Hintergedanken unterstützen und sie und ihre Erfolge neidlos anerkennen und feiern. Niemand ist besser oder schlechter, wenn wir die Egos beiseitelegen. Jeder ist. Wie er nun mal ist. Es braucht kein Auto, Markenartikel oder teuren Schmuck, um etwas wert oder erfolgreich zu sein, ich bin wertvoll allein deswegen, weil ich da bin. Diese Ruhe im Selbst und diese Energie, kann sich auf andere übertragen und zu einem sehr kraftvollen Feld wachsen. Es hat also positive Auswirkungen auf unser Umfeld, auf das Miteinander. Genauso positiv sind die Auswirkungen auf uns selbst. Wenn wir die Masken niederlegen und nicht mehr die Rollen spielen und erfüllen, die uns auferlegt wurden oder die wir aus Gründen gewählt haben, um Erwartungen anderer zu befriedigen, sind wir frei. Wir haben die Freiheit zu wählen. Immer. Wer wir sein wollen, wie wir leben wollen, was wir glauben wollen. Wenn ich diesen Druck nicht mehr verspüre, kann ich anderen aufrichtiger zuhören, sie glänzen lassen und nach einer gemeinsamen Vision streben.

Demnach wird sowohl in der integralen Organisation als auch bei der angewandten Improvisation ein psychologisches sicheres Umfeld geschaffen. Wenn das Ego losgelassen wurde und dadurch auch die Angst vor Bewertung, Versagen oder Nicht-Erfüllen gehen kann, wird es möglich, dass an ihre Stelle Vertrauen tritt. Wenn jedes Teammitglied so bei sich ist und sein Denken und Handel aus Fülle und Vertrauen geschieht, können wir davon ausgehen, dass sie über ein hohes Selbstbewusstsein und Selbstvertrauen verfügen. Die Einzelnen der Gruppe stehen für sich und geben der Gruppe dadurch Sicherheit. Wieder ein sich selbst stärkendes System, in dem durch Vertrauen mehr Vertrauen wachsen kann.

Wenn das Ego losgelassen wird und an die Stelle von Angst Fülle und Vertrauen tritt, führt dies auch dazu, noch besser im Moment sein zu können. Das nach vorne abscannen und mögliche „Gefahren", Wendungen und Möglichkeiten einzuberechnen, kann – zumindest auf operativer Ebene – in den Hintergrund treten und die Aufmerksamkeit ganz in das Hier und Jetzt gegeben werden. Idealerweise wird es dadurch auch möglich, wahrzunehmen und wertzuschätzen, wer und was alles nötig ist, um diesen Moment so zu erleben, wie er ist.

Ausprobiert.

Trainiere deinen Dankbarkeitsmuskel – wer sind deine Helfer im Hintergrund?

Überlege, welche Personen, die nicht unmittelbar für dich sichtbar sind, daran teilhaben, dass du gerade das machen kannst oder dort sein kannst, wo du dich augenblicklich befindest. War es die Bäckerin, die morgens früh die Brötchen gebacken hat, die du jetzt isst, der Lieferant, der dir dein Paket übergab oder die Person, die es verpackte. Wer hat das Buch, das du gerade liest, gelayoutet, gedruckt oder ins Regal gestellt? Überlege, wer an dieser ganzen Kette beteiligt sein könnte, was es dafür braucht.

Unglaublich, wie viele Menschen daran mitwirken, dass wir das Leben führen können, das wir führen. Und kein Teil dieser Kette ist wichtiger als der andere. Denn wenn es die einzelnen Elemente nicht gibt, funktioniert die Kette nicht mehr.

Ein weiteres Merkmal der integralen Stufe ist, dass **alle Varianten des Wissens genutzt** werden – **Rationalität, Emotionen und Intuition**. Diese drei Ebenen des Wissens werden ebenso in der Jazzmusik und in der psychologischen Sicherheit benutzt und anerkannt. Es geht nicht nur um die reine Rationalität, sondern auch um ein Gespür für Situationen, Menschen oder Visionen und darum, frei zu sein, dieser Intuition nachzugehen oder Gefühle zu äußern.

Kurz und knapp.

Zentrale Schnittstellen zwischen Impro und integraler Organisation

1. **Selbstorganisation als Handlungsprinzip**
   - Integrale Organisationen setzen auf dezentrale Entscheidungsfindung, Eigenverantwortung und das Vertrauen in die Kompetenz der Mitarbeiter.
   - Angewandte Improvisation lebt von der kollektiven Intelligenz, dem aktiven Gestalten im Moment und dem „Ja, und ...“ – Prinzip – ohne zentrale Steuerung.
   - Folglich fördern beide eigenverantwortliches Handeln im Jetzt, angepasst an den jeweiligen Kontext.

2. **Beziehungsorientierung und Kommunikation auf Augenhöhe**
   - In integralen Organisationen ist ein zentraler Gedanke, sich mit seiner gesamten Persönlichkeit einbringen zu können, authentisch zu kommunizieren und aufrichtig zuzuhören.
   - Angewandte Improvisation fördert dies: echtes Zuhören, spontane und flexible Kooperation und aktive Präsenz.
   - Daraus folgt: Der Dialog wird zum kreativen Spielfeld. Rollen sind flexibel und die Beziehungsebene ist wichtiger als die Position.

3. Umgang mit Unsicherheit und emergentem Wandel
- Integrale Organisationen gehen davon aus, dass die Zukunft nicht planbar, sondern emergent ist. Sie entwickelt sich im Zusammenspiel von Menschen, Kontext und Zeit.
- Angewandte Improvisation schafft die Voraussetzungen und trainiert, in Unsicherheit zu navigieren, kreativ zu reagieren und Chancen im Chaos zu erkennen.
- Improvisation als Metakompetenz, die integrale Organisationen brauchen.

4. Ganzheit und Präsenz
- In integralen Organisationen wird der Mensch ganzheitlich gesehen: Körper, Geist, Emotionen und Intuition.
- In der Improvisation wird genau mit dieser Ganzheitlichkeit gearbeitet. Der Körper ist das Instrument, die Emotionen sind Ressource und die Intuition ein Wegweiser.
- Beide Ansätze fördern eine menschliche und lebendige Arbeitskultur, in der die volle Präsenz zählt.

5. Sinn und Purpose als Antrieb
- Integrale Organisationen handeln sinnorientiert. Sie folgen keinem starren Businessplan, sondern einem sich entfaltendem Purpose.
- Auch in der angewandten Improvisation geht es nicht um das Durchsetzen eines Planes „komme was da wolle", sondern um das gemeinsame Gestalten eines Momentes und dem Verfolgen eines übergeordneten Sinnes.
- Der Fokus verschiebt sich von Kontrolle zu Sinn, von Output zu Resonanz.

Fazit.

Was können wir abschließend festhalten? Zuerst: Die integrale Organisation braucht Menschen, die improvisieren können. Sie müssen in der Lage sein, sich selbst zu führen, auf andere einzugehen, präsent zu sein, Unsicherheit zu nutzen und gemeinsam Neues zu schaffen. Angewandte Improvisation ist das praktische Training für das, was integrale Organisationen im Inneren ausmacht.

Die vorgestellten Prinzipien sind alle eng miteinander verwoben, stützen und bedingen sich. In einigen Punkten sind sie sich so ähnlich, dass lediglich unterschiedliche Bilder und Begriffe für die gleiche Idee genutzt werden. Und: Bei allem geht es im Grunde um die Haltung. Die Haltung kommt zuerst und ohne sie sind die Werkzeuge und Methoden wirkungslos.

In Abb. 3.2 ist dargestellt, wie die in diesem Kapitel aufgezeigten Elemente, die sich in allen Ansätzen wiederfinden, gemeinsam eine Grundlage für professionelle Improvisation schaffen. Die Basis bildet Vertrauen. Dieses wird durch vier Säulen getragen: das Zurücknehmen des Egos, eine gelebte Fehlerkultur, das Annehmen dessen, was ist, und das Bewusstsein Teil eines größeren Ganzen zu sein. Die Elemente, aus denen diese Säulen bestehen, wirken

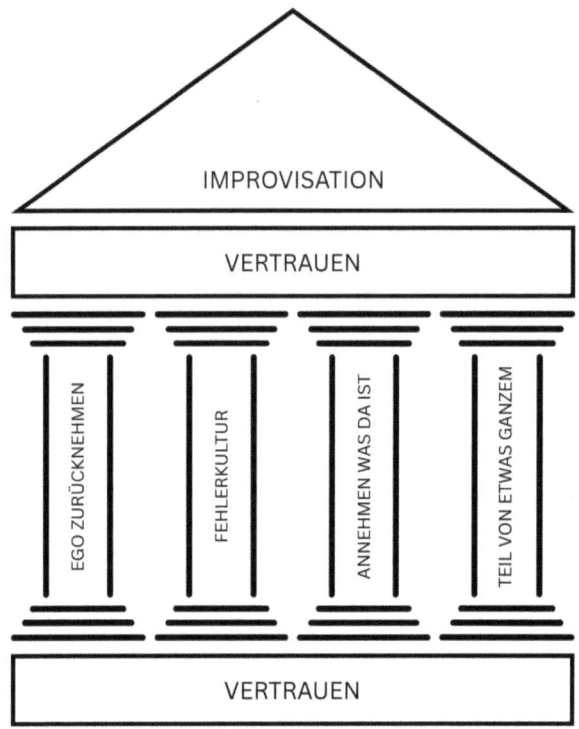

Abb. 3.2 Die Säulen der Improvisation. (Quelle: Eigene Darstellung)

jedoch nicht nur in eine Richtung, um Vertrauen zu schaffen. Sie nähren sich zugleich aus Vertrauen und erhöhen dadurch die Stabilität der einzelnen Säulen und des gesamten Systems. Vertrauen und Säulen beeinflussen sich also wechselseitig positiv. Auf diesem Fundament kann Improvisation wachsen – als Haltung, als Kultur und als verbindendes Dach, unter dem sich all diese Prinzipien vereinen. Dieselben Werte und Mechanismen bilden ebenso die Grundlage für psychologische Sicherheit und für die integrale Organisation. Sie alle entspringen demselben Geist: Vertrauen als Basis für ein lebendiges Miteinander.

Ich glaube, dass eine Mehrheit es inzwischen fühlt: Es wird Zeit für den Sprung auf eine neue Stufe, eine neue Form der Zusammenarbeit. Die Frage ist, welcher Impuls den Sprung letztendlich auslöst. Möglicherweise sind es die erhöhten Leistungsstandards, die diesen Sprung erforderlich machen. Vielleicht auch die zunehmende Unübersichtlichkeit und Komplexität oder auch das wachsende Bewusstsein für die Umwelt und das Hinterfragen übernommener Werte und Traditionen. Ich bin mir sicher, dass psychologische Sicherheit und das Mindset Improvisierender diesen Sprung ermöglichen können und die Werte dieser beiden Ansätze weitestgehend Laloux' Beschreibung der integralen Organisation entsprechen.

Sicherlich wird es nicht eine explosionsartige Welle geben, bei der alle „mitspringen". Es wird auch hier Vorreiter geben, Menschen und Organisationen, die schon jetzt dieses Bild leben. Es wird ein schrittweiser Prozess sein, der nicht alle und alles erfassen wird. Nur das und diejenigen, die jetzt dazu bereit sind.

Literatur

Weiterführende Literatur

Edmondson, A., (2020). *Die angstfreie Organisation*. Vahlen. München.

Hatch, M. J. (1999). *Exploring the Empty Spaces of Organizing: How Improvisational Jazz Helps Redescribe Organizational Structure*. Organization Studies, 20(1), 75–100.

Laloux, F. (2015). *Reinventing Organizations. Ein Leitfaden zur Gestaltung sinnstiftender Formen der Zusammenarbeit*. Vahlen. München.

Laloux, F. (2017). *Reinventing Organizations. Visuell. Ein illustrierter Leitfaden sinnstiftender Formen der Zusammenarbeit*. Vahlen. München.

Madson, P. R., (2005). *improv wisdom. Don´t prepare, just show up*. Bell Tower. New York.

Scheller, T., (2017). *Auf dem Weg zur agilen Organisation. Wie Sie ihr Unternehmen dynamischer, flexibler und leistungsfähiger gestalten*. Vahlen. München.

Weick, K., (2002). *Improvisation as a mindset for organizational analysis*. In: Kamoche, K., Cunha, M., Cunha, J. (Hrsg.), (2002): Organizational Improvisation. Routledge. New York. S. 52–72.

4

Solo Nummer Zwei.

Was ein Solo ist, haben wir bereits kennengelernt.
Und im Jazz gibt es oft nicht nur einen, sondern mehrere Solisten.

Zusammenfassung In diesem Kapitel liegt der Fokus auf der Übertragung in die Praxis: Wie kann es gelingen, den Ansatz der angewandten Improvisation in den Unternehmenskontext zu integrieren? Was lässt sich übertragen und welche konkreten Anwendungsfelder bieten sich an? Welche Rahmenbedingungen müssen geschaffen werden, damit Improvisation wirksam werden kann? Und wie lässt sich Improvisation als Mittel der Organisationsentwicklung nutzen? Darüber hinaus wird beleuchtet, wo mögliche Fallstricke und Herausforderungen liegen – und was sich aus all dem für Führung ableiten lässt.

Und wie können wir das auf Unternehmen übertragen?

In vielen Unternehmen wird bereits improvisiert. Jedoch meist aus der Not heraus. Wenn unvorhergesehene Schwierigkeiten auftreten, Prozesse versagen, Lieferketten zusammenbrechen, ein Pitch in letzter Minute umgeworfen werden muss oder der Markt plötzlich in eine unerwartete Richtung kippt. Improvisation wird dann angewandt wie ein Feuerlöscher: kurzfristig, ungeplant und mit viel Adrenalin im Gepäck. Danach soll bitte alles wieder nach Plan und „wie früher" laufen.

Hier wird Improvisation falsch verstanden. Sie ist nicht struktur- und kopflos, sondern nutzt Struktur auf eine lebendige Weise. Im Jazz entsteht die Freiheit durch die (manchmal auch unausgesprochene) Verabredung, selbst bei bewusst fehlenden tonalen und rhythmischen Absprachen zuzuhören, auf die anderen einzugehen (was auch bewusstes Kontrapunktieren heißen kann)

A. Diedrichsen, *Können, was kommt: Mit angewandter Improvisation durch unsichere Zeiten*, https://doi.org/10.1007/978-3-658-49170-3_4

und sich an grundlegende, universell geltende Spielregeln zu halten. Und genauso kann Improvisation auch in Unternehmen als strategische Fähigkeit und nicht als Notfallmaßnahme wirken.

Was wäre, wenn Improvisation nicht nur für den Ausnahmezustand, sondern ein fester Bestandteil des unternehmerischen Alltags wäre? Wenn Mitarbeitende und Führungskräfte aufgrund ihrer Improvisationsfähigkeit bessere Entscheidungen treffen, flexibler agieren, menschlicher miteinander umgehen? Der Übertrag auf den Unternehmenskontext beginnt mit einem Perspektivwechsel – weg von der Improvisation als Zufallsprodukt, hin zur Improvisation als Haltung. Trainierbar, reflektierbar, nutzbar.

4.1   Konkrete Anwendungsfelder im Unternehmenskontext

Improvisation zeigt ihre Wirkung in Unternehmen besonders da, wo Planung an ihre Grenzen stößt. Also fast überall dort, wo in komplexen Zusammenhängen Entscheidungen getroffen, Lösungen gefunden und Perspektiven entworfen werden müssen. Improvisation wirkt nicht als Ersatz für eine Strategie, sondern als Ergänzung in jenen Momenten, in denen die Realität schneller ist als der Plan.

- **Strategieentwicklung unter Unsicherheit**
  Langfristige Planung wird zunehmend zu einer Frage der Haltung anstatt einer fixen Roadmap. Improvisationskompetenz ermöglicht es, Strategien nicht als starre Konstrukte, sondern als dynamische Orientierung zu sehen – mit Raum für Iteration, Intuition und Resonanz.

- **Cross-funktionale Zusammenarbeit**
  Teams, die aus unterschiedlichen Bereichen kommen, sprechen oft unterschiedliche Sprachen. Improvisation kann hier eine Brücke schlagen: aktives Zuhören, anschlussfähiges Handeln („Ja, und …") und die Fähigkeit, Impulse aufzunehmen, ohne sich selbst zu verlieren.

- **Innovation und Produktentwicklung**
  Neue Ideen entstehen selten linear. Teams, die improvisieren, schaffen kreative Zwischenräume, in denen nicht sofort bewertet, sondern erkundet wird. Der Raum für Unvollkommenes wird zum Brutkasten für Neues – jenseits von Effizienzdenken.

  Beispiel: Google Maps entstand nicht am Reißbrett und auch nicht mit einem klar definierten Ziel vor Augen. Es begann vielmehr mit einem Flow-Gefühl im Sinne von „Für irgendetwas wird es schon gut sein". Das

Start-up *Where 2 Technologies* hatte die Idee, Karten auf Basis eines Kachelsystems zu erstellen – mit dem Hauptziel, die Ladezeiten von Onlinekarten zu verkürzen. Letztlich kaufte Google das Unternehmen auf und kombinierte dessen Ansätze mit Technologien anderer, kurz zuvor erworbener Firmen. Niemand wusste im Vorfeld genau, was daraus entstehen würde. Das Potenzial zeigte sich im Tun – die Idee wurde im Prozess laufend weiterentwickelt und angepasst. (Vgl. DWN., 2025)

- **Kundeninteraktion und Service Design**
  Improvisation bedeutet, im Moment präsent zu sein. Und genau das ist im Kundenkontakt entscheidend. Wer professionell improvisieren kann, bleibt auch dann handlungsfähig, wenn das Skript nicht mehr greift und kann so flexible auf unerwartete Wünsche oder Spannungen reagieren.

- **Entscheidungsfindung in Echtzeit**
  In komplexen Situationen geht es nicht darum, die perfekte Entscheidung zu treffen. Es geht darum, situationsgerecht und tragfähig zu reagieren. Improvisation bietet Werkzeuge, wie man trotz weniger Informationen in Bewegung kommt, ohne in Aktionismus zu verfallen.

Es wird deutlich: Improvisation ist nicht nur ein Soft Skill, sondern ein Business-Asset. Eine Ressource, die Unternehmen dort stärkt, wo die klassische Steuerungslogik an ihre Grenzen kommt.

4.2   Wie lässt sich Improvisation integrieren?

Die gute Nachricht ist: Improvisation ist kein Hexenwerk und auch keine Blackbox. Sie lässt sich lernen, kultivieren und in bestehende Unternehmensstrukturen einflechten. Vorausgesetzt, sie wird nicht als punktuelle Dreingabe, sondern als kontinuierlicher Lernprozess gesehen.

1. Einstieg über erlebbare Lernformate
Bevor Improvisation zur Haltung werden kann, braucht es Erfahrungsräume. Improvisations-Workshops, Kreativ-Räume oder interaktive Trainings schaffen einen sicheren Boden, auf dem neue Denk- und Handlungsweisen ausprobiert werden können. Dabei geht es nicht um Performance, sondern darum, Menschen für das Thema zu öffnen, Aha-Erlebnisse zu schaffen und mit der entstehenden Bereitschaft und Offenheit, Reaktionsfähigkeit, Präsenz, Offenheit und Zugewandtheit zu üben. Besonders wirkungsvoll ist es, wenn diese Formate nicht nur für Einzelpersonen, sondern für Teams stattfinden, denn: Improvisation geschieht im Miteinander.

2. Integration in den Alltag – klein anfangen, konsequent bleiben

Um Improvisation im Alltag wirksam werden zu lassen, braucht es nicht gleich eine radikale Umstellung. Oft reicht ein bewusster Perspektivwechsel in bestehenden Routinen:

- Gibt es einen anderen Weg? Manchmal gehen wir immer denselben Weg – nicht, weil es der einzige ist, der zum Ziel führt, sondern weil wir Gewohnheitstiere sind. Eröffnet einen Austausch darüber, wie andere den Weg beschreiten – was können wir daraus lernen? Was für neue Aspekte entdecken wir?

- In Entscheidungsrunden Raum für Intuition und lautes Denken geben – ohne gleich zu bewerten.

- In Reflektionsrunden im Team durch Fragen wie beispielsweise „Was ist gerade in der Entstehung?" ermöglichen, „Unfertiges" oder Gedankenansätze zu teilen.

- Meeting mit einem offenen Impuls starten.

- Improvisierte Mini-Formate, wie beispielsweise auf einem Impuls aufzu-bauen („Ja, und …"), für den Wissensaustausch nutzen.

Solche Mikroformate wirken wie kleine kulturelle Irritationen im Alltag und können gleichzeitig eine neue Verbindung und Neugier schaffen.

3. Sprache und Rituale als kultureller Anker

Wie wir denken und sprechen, prägt unsere Realität und Rituale wirken als Verstärker. Improvisation braucht Wiederholung, um im Alltag wirksam zu werden – allerdings nicht in Form starrer Prozesse, sondern durch wiedererkennbare, lebendige Rituale. Kleine, bewusst platzierte Impulse helfen, Improvisation nicht als Sonderformat, sondern als Teil der Arbeitskultur zu etablieren.

Ausprobiert.

Rituale

- **Das „Ja, und …" Format im Brainstorming**
  Klassische Brainstormings enden oft im „Ja, aber …". Eine einfache Regel ändert dies: In der ersten Phase wird jede Idee durch ein „Ja, und …" weiterentwickelt – ohne Einschränkung. So ändert sich nicht nur die Kreativität, sondern auch die Haltung im Team.

- **Mini Retros nach Impro-Prinzipien**
  Nach einem Projekt, Workshop oder Kundentermin wird im Team gefragt:
  Was ist gelungen, obwohl wir nicht darauf vorbereitet waren?
  Wann haben wir improvisiert? Wie haben wir uns dabei gefühlt und wie hat
  es gewirkt?
  Durch diese Reflexionsfragen wird Improvisation sichtbar gemacht und als
  Ressource etabliert.

- **Der spontane Pitch**
  Eine Person bekommt ein beliebiges, unerwartetes Thema (z. B. „Verkaufe mir
  einen Helm für Kaninchen") und hat eine Minute Zeit, daraus eine kurze Prä-
  sentation zu improvisieren. Klingt zunächst vielleicht etwas albern, fördert
  aber Präsenz, Reaktionsgeschwindigkeit und Mut zu Fehlern und Unfertigem.

- **„Zwei Takte Pause" im Entscheidungsprozess**
  Vor wichtigen Entscheidungen wird eine bewusste, kurze Pause eingelegt:
  30 Sekunden schweigen, durchatmen, in sich hören und den Raum spüren.
  Das hilft, aus dem Reiz-Reaktions-Modus auszusteigen und der Intuition
  Raum zu geben – ein zentrales Element der Improvisation.

Sprache ist ein weiterer starker Einflussfaktor auf die Kultur. Begriffe wie
„Fehler feiern", „Wir gehen in den offenen Raum", „Lasst uns improvisieren"
oder „andere glänzen lassen" schaffen die Erlaubnis für das Nicht-Perfekte.
Wird improvisatorische Sprache benutzt, öffnet sich ein Raum der Möglichkeiten. Und dies ist oft der Anfang von Veränderung.

Wichtig ist dabei, dass diese Elemente keine Spielereien, sondern ernst ge-
meinte Kulturbausteine sind. Sie verbinden Professionalität mit Lebendigkeit. So wird Improvisation nicht nur erlaubt, sondern gefordert.

4.3   Was müssen Unternehmen bereitstellen?

Improvisation passiert nicht im luftleeren Raum. Damit sie sich im Unternehmenskontext entfalten kann, braucht es gezielt Voraussetzungen – strukturell, kulturell und individuell. Dabei geht es nicht darum, alles auf den
Kopf zu stellen. Vielmehr müssen bewusst Bedingungen geschaffen werden,
in denen improvisatorisches Denken und Handeln als Teil der professionellen
Realität möglich und erwünscht ist.

1. Psychologische Sicherheit als Fundament

Improvisation bedeutet auch immer ein Risiko: Ich mache mich sichtbar,
ohne zu wissen, was auf mich zukommt. Damit Menschen das im Arbeitsall-
tag tun können, brauchen sie Vertrauen – in sich, in ihr Team und in die Organisation. Nur wenn es diese Basis gibt, kann Improvisation zu einer kollektiven Fähigkeit werden.

2. Räume für Emergenz statt Effizienz

Unternehmen sind darauf ausgerichtet, Ziele zu erreichen – möglichst effizient. Doch braucht Improvisation auch Räume ohne Ziel. Emergenz entsteht, wenn etwas Neues wachsen darf, ohne sofort einem konkreten Zweck zugeordnet zu werden. Unternehmen, die solche Freiräume schaffen – sei es durch offene Innovationsräume, Kreativzeiten oder experimentellen Meetings – geben einen Nährboden für kreative Spontanität.

3. Fehlertoleranz und iteratives Lernen

Improvisation heißt, Entscheidungen in Unsicherheit zu treffen. Ziel ist es dabei nicht, Fehler zu vermeiden. Sie sind Teil des Prozesses. Dafür ist eine gelebte Fehlerkultur, im Sinne von Lernen statt Schuld, essenziell. Wichtig ist, dass „Irritationen" als Impuls für Reflexion genutzt werden können oder die Kultur vorgibt, sie zu unterdrücken. Dabei kann iteratives Lernen unterstützen.

Beispiel: 3M und die Erfindung der Post-it. Ursprünglich hatte das Unternehmen das Ziel, stärkere Klebstoffe zu entwickeln. Doch durch Zufall entdeckte ein Mitarbeiter genau das Gegenteil: einen Klebstoff, der zwar auf Flächen haften blieb, aber gleichzeitig leicht zu lösen war. Anstatt die Idee zu verwerfen, suchte er jahrelang nach möglichen Einsatzbereichen – bis es einen Kollegen gab, der etwas benötigte, das auf Buchseiten haften blieb, ohne diese zu beschädigen. Dieser erinnerte sich an die Erfindung des leicht löslichen Klebstoffes, und die beiden entwickelten die Idee gemeinsam weiter. So wurde aus einem vermeintlichen Fehlschlag eine bahnbrechende Innovation (Vgl. Post-it o.J.a.).

4. Zwischen Struktur und Flexibilität

Damit Improvisation im Unternehmensalltag nicht als Chaos empfunden wird, ist es wichtig, dass der „Spielraum" klar kommuniziert wird. Wo ist Flexibilität gewünscht und wo nicht? Wer trifft welche Entscheidungen? Diese bewusste Gestaltung von Spannungsfeldern (z. B. zwischen Planung und Spontanität, Kontrolle und Vertrauen) ist keine Nebensache, sondern Führungsaufgabe und Kulturarbeit.

5. Kontinuierliches Training als Teil der Lernkultur

Improvisation erfordert Übung. So wie ein Musiker stundenlang über Jahre und Jahrzehnte übt, braucht auch Improvisation im Unternehmenskontext Übung und Routine. Es ist wichtig, die individuelle und kollektive Kompetenz zu stärken, um immer mehr Sicherheit im Umgang mit Unsicherheit zu erlangen. Wichtig ist dabei, dass dies nicht als Ausnahme geschieht, sondern als wiederkehrender Bestandteil der Entwicklung.

4.4   Improvisation – taktisches Werkzeug oder strategische Kompetenz

Improvisation lässt sich sowohl auf taktischer als auch auf strategischer Ebene verorten – je nachdem, wie sie im Unternehmen genutzt wird.

Taktisch – die klassische Anwendung
Ein Kunde stellt kurzfristig neue Anforderungen, ein Meeting läuft anders als geplant, Maschinen fallen aus. Klassische Situationen, in denen Improvisation als taktisches Mittel eingesetzt wird: flexibel, schnell und handlungsfähig. Sie hilft, mit Unsicherheit umzugehen, kreative Lösungen zu finden und das System auch dann am Laufen zu halten, wenn ein Plan nicht mehr greift.
   Und genau hierin liegt das strategische Potenzial.

Strategisch – bewusstes Kultivieren
Wird Improvisation gezielt kultiviert, kann sie auch strategisch eingesetzt werden. Dann ist sie nämlich nicht nur ein Reaktionsmechanismus, sondern ein gestalterisches Prinzip. Sie wird zu einer Kulturkompetenz: eine Haltung, die Innovation ermöglicht, Wandel erleichtert und Führung neu denkt.

Fazit. Improvisation beginnt oft taktisch und wirkt dann strategisch, wenn sie gezielt eingesetzt und kultiviert wird. Sie ist nicht per se eine Strategie, sondern kann Teil einer strategischen Ausrichtung sein. Vor allem in einem VUCA-Umfeld, in dem Innovationskraft, Agilität und Anpassungsfähigkeit gefragt sind.

4.5   Improvisation in systematisch engen Strukturen – geht das überhaupt?

Skeptisch gedacht: Das sind ja alles nette Ideen – und ist das nicht etwas weltfremd? Wie soll sich das in den normalen Ablauf oder in Systeme, die stark hierarchisch sind, integrieren lassen? Klingt das alles in der Theorie nett, stößt aber schnell an Grenzen, die teilweise auch durch Gesetze und Vorgaben gegeben sind? Wenn Prozesse eng getaktet, Vorgaben starr und Handlungsspielräume begrenzt sind? Auch dann ist Improvisation möglich – nur in anderer Form.

Mikrofreiräume nutzen. In fast jedem System existieren kleine Nischen, in denen es Entscheidungs- und Handlungsspielräume gibt. Manchmal im Detail und manchmal in der Umsetzung. Wenn die Improvisations-Kompetenz geschult wird, fällt es leichter, diese bewusst wahrzunehmen und gezielt für kreative Lösungen zu nutzen.

Routinen hinterfragen. Auch in stark standardisierten Systemen können Mitarbeiter und Teams hinterfragen, ob Routinen noch sinnvoll sind. Allein das Innehalten und Reflektieren kann der Ausgangspunkt für kreative Anpassung sein.

Struktur als Spielraum. Wie auch in der Musik kann eine enge Struktur zur Bühne werden. Wenn alle Beteiligten den Rahmen kennen und sich sicher darin bewegen, kann innerhalb dieses Rahmens überraschend viel improvisiert werden. Voraussetzung dafür ist, dass das entsprechende Vertrauen da ist. In sich, die anderen und die Struktur.

Teaminterne Vereinbarungen. Selbst wenn das System von außen wenig Spielraum lässt, können Teams durch klare Kommunikation, geteilte Prinzipien und eine Kultur, in der das Experimentieren gefördert wird, Räume schaffen, in denen Improvisation möglich ist. Hier wird deutlich: Systemgrenzen sind oft auch mental.

Zwischen Ordnung und Offenheit

Managementsysteme sind nicht per se improvisationsfeindlich oder -freundlich. Entscheidend ist, wie sie gelebt werden. Und wie sehr sie als starre Vorgabe oder als dynamisches System verstanden werden. Womit wir wieder beim Mindset angelangt sind. Improvisation braucht Struktur – aber eine, die atmungsfähig ist.

Die Frage lautet also nicht, ob Struktur oder Improvisation, sondern: Wie gestalten wir die Strukturen so, dass es Raum für Improvisation gibt? Wie geben wir Orientierung und ermöglichen gleichzeitig, dass mutige, erforschende Verlassen des vorgegebenen Weges, wenn es die Situation erfordert?

Improvisation im Management beginnt dort, wo Systeme durch Menschen mit Haltung, Bewusstsein und Mut zum Moment gelebt werden.

4.6 Angewandte Improvisation als Mittel der Organisationsentwicklung

Die integrale Organisation ist eine inspirierende und kraftvolle theoretische Grundlage für eine neue Arbeitswelt. Doch wenn die Menschen in diesem System nicht über das Mindset und die Fähigkeiten verfügen, diese Kultur zu leben und Vorgaben von außen den Freiraum für diese Form des Arbeitens einschränken, bleibt die Idee auf konzeptioneller Ebene stecken. Hier kann angewandte Improvisation unterstützen. Sie erzeugt sichere Erfahrungsräume, in denen Menschen spielerisch lernen, was sie für diese neue Form des Zusammenarbeitens brauchen: einen produktiven Umgang mit Unsicherheit, das gemeinsame Gestalten, im Hier und Jetzt sein, im Nichtwissen Vertrauen bewahren – das Impro-Mindset.

Gleichzeitig erhält angewandte Improvisation so mehr strategische Tiefe. Sie wird nicht nur als funktionales Training für Flexibilität, Kreativität und Kommunikation gesehen, sondern ihr Wert als Kernkompetenz für organisationale Reife erkannt.

So kann angewandte Improvisation in der Organisationsentwicklung eine gezielte Rolle einnehmen. Sie kann ein Werkzeug sein, das Entwicklungsprozesse erlebbar macht, Möglichkeiten zur Mitgestaltung bietet und dadurch für Anschlussfähigkeit und Akzeptanz sorgt. Dabei geht es nicht um Improvisation als Methode, die neben klassischen Formaten existiert, sondern als Haltung und Praxis, die Entwicklungsprozesse durchdringt und trägt.

Deutlich wird dadurch auch, dass Personal- und Organisationsentwicklung Hand in Hand gehen und nicht getrennt voneinander betrachtet werden können. Die Entwicklung beginnt beim Individuum – gibt es hier Basis und Bereitschaft, wird Veränderung im Großen möglich.

Veränderung erfahrbar machen
Organisationsthemen wie Veränderung, Rollenverständnis, Führung und Kommunikation können durch Übungen und Formate aus dem Improvisationskontext erfahrbar und besprechbar gemacht werden. Impulse aus der Musik sind beispielsweise ein wunderbares Bild, um sichtbar zu machen, wie Teams auf wechselnde Führung, Unsicherheit oder Dynamik reagieren. Die Menschen werden nicht nur kognitiv, sondern emotional und körperlich erreicht und bekommen so einen anderen Zugang zu abstrakten Themen. Dies ist ein wichtiger Hebel, um Entwicklung zu verankern.

Co-Kreation statt Vorgabe

Improvisation schafft Partizipation. Entwicklungsprozesse sollten so gestaltet werden, dass ein Dialog entsteht und Mitarbeiter nicht „abgeholt", sondern von Anfang an beteiligt werden. Prinzipen der angewandten Improvisation wie „Ja, und …" fördern Co-Kreation, die auch über eventuelle Grenzen der Hierarchie hinausgehen kann. So sollte Sinnhaftigkeit und Akzeptanz sichergestellt werden können.

Beweglichkeit trainieren

Veränderung benötigt nicht nur neue Strukturen, sondern auch neue Kompetenzen. Improvisation bietet dafür ein Lernumfeld für Mindset und Verhalten: Wie bleibe ich handlungsfähig und sicher unter Unsicherheit? Wie gehe ich mit Kontrollverlust und unvollständigen Informationen um? Wie gehe ich sinnvoll los/vor, wenn das Ziel noch nicht vollständig klar ist? Durch **regelmäßige** Impro-Impulse können diese Fertigkeiten und Fähigkeiten, die Flexibilität in Geist und System systematisch trainiert und gestärkt werden.

Konstruktiver Umgang mit Spannungen

Überall im Unternehmen entstehen Spannungen. So auch in der Organisationsentwicklung: zwischen Alt und Neu, zwischen dem Wunsch nach Veränderung und dem Bedürfnis nach Sicherheit, zwischen Abteilungen. Spannungen heißen Energie. Und angewandte Improvisation bietet Werkzeuge, diese Energie freizusetzen und in eine zielführende Richtung zu lenken. Es geht nicht darum, die Spannungen möglichst schnell zu lösen, sondern Unterschiede sichtbar zu machen, Verständnis zu schaffen, auszuhalten, dass gleiche Sachen für jeden unterschiedliche Auswirkungen haben können und gemeinsam kreative Lösungen zu entwickeln – ohne zu früh zu begrenzen, zu entscheiden und zu bewerten.

Transformation iterativ gestalten

Angewandte Improvisation unterstützt dabei, Entwicklung nicht als Hauruck-Aktion zu sehen, sondern sie iterativ und als Wachstumsprozess zu begreifen. Lernen durch Handeln, Reflektieren, nachjustieren. Sie passt also perfekt zu agilen, lernenden Organisationen. Anstatt größere Transformationen über Jahre zu planen, können mit dem Ansatz der angewandten Improvisation kleinere Schritte, angepasst an die aktuellen Anforderungen, erprobt werden. Anhand der Erfahrungen und Rückmeldungen wird weiterentwickelt und nachgebessert. Veränderung wird so leichter, schneller und organischer.

4.7   Risiken und Nebenwirkungen

Improvisation klingt leicht und spielerisch und eventuell für den einen oder anderen auch ein wenig nach heiler Welt. Doch wenn sie in Unternehmen eingesetzt wird, ist sie kein unverfängliches Kreativitäts-Tool. Sie fordert heraus, irritiert und entlarvt – genau darin liegt ihr Potenzial. Und auch ihr Risiko. Wer Improvisation in Unternehmen einführen möchte, sollte sich über mögliche Nebenwirkungen im Klaren sein, um konstruktiv mit ihnen umgehen zu können.

Der Mythos vom Chaos

Ein häufiges Missverständnis liegt darin, dass Improvisation chaotisch und planlos ist. In einem Umfeld, das stark auf Kontrolle, Vorhersehbarkeit und Messbarkeit ausgelegt ist, kann das schnell zu Abwehrreaktionen führen. Wird sie also nicht richtig eingeführt, kann sich die böse Vorahnung erfüllen, sodass sie bestenfalls nur ein netter Impuls bleibt und im schlechtesten Fall direkt auf taube Ohren trifft. Deshalb ist es bei der Einführung wichtig, einen klaren Rahmen abzustecken – hier ist unser Testbereich und darin handeln wir situativ, kreativ und konspirativ.

Überforderung durch Freiheit

Improvisation konfrontiert Menschen mit Unsicherheit. Für viele ist es ungewohnt oder sogar beängstigend, so wenig Struktur, Vorgaben oder Regeln zu haben. So viele Entscheidungen eigenverantwortlich zu treffen, sich damit auseinanderzusetzen, wie eigentlich die eigene Position zu Sachverhalten ist, kann erschlagen. Für einige Menschen ist es (auf den ersten Blick und vielleicht auch aus Gewohnheit) einfacher, gesagt zu bekommen, was wann wie gemacht werden soll und in Rollenverantwortlichkeiten zu denken. Es wird also eine neue Form des Mitdenkens und des Vertrauens gefordert. Insofern ist es wichtig, bei der Einführung von Improvisation in Unternehmen, den psychologischen Raum mitzudenken. Es braucht Sicherheit im Prozess, eine klare Einladung statt dem Zwang, und als wichtigstes eine Kultur, die Fehler nicht sanktioniert, sondern als Teil des Lernprozesses versteht. Es kann eben auch Menschen geben, die partout nicht bereit sind für diese Kultur. Das ist ok. Vielleicht werden sich die Wege dann trennen oder man findet gemeinsam Wege, wie die Bedürfnisse in die Kultur integriert werden können.

Kulturelle Spannungsfelder

Hier setzt an, dass nicht jede Organisation für Improvisation bereit ist – parallel zur integralen Organisation. Es gibt einfach Organisationen und Strukturen, die noch nicht für diesen Sprung bereit sind oder die in einem Umfeld tätig sind, wo sehr wenig Platz und Möglichkeit für Improvisation ist. Wie schon betont kann es hier natürlich trotzdem möglich und hilfreich sein, das Mindset einzubringen und zu überlegen, wo es kleine Handlungsfreiräume gibt. Auf jeden Fall wird es dann problematisch, wenn Improvisation zur Pflicht wird. Dann verlieren ihre Prinzipien und Werte an Glaubwürdigkeit. Wenn Improvisation inflationär oder als leere Hülle eingesetzt wird, ohne dass die Grundsätze gelebt und zur Beteiligung eingeladen werden, kann ein Zwang entstehen, der dem Gedanken der Improvisation widerspricht. Unter Zwang und Druck wird Improvisation nicht gelingen. Die Frage wird also sein, wie angewandte Improvisation verbindlich und gleichzeitig ohne Druck und Zwang implementiert werden kann.

Qualitätsanspruch und Professionalität

Improvisation braucht Qualität – in der Anleitung, den Prozessen und in der Reflexion. Ansonsten gleitet sie schnell ab in das noch weit verbreitete Vorurteil der Stümperhaftigkeit. Wenn angewandte Improvisation eingebunden werden soll, setzt dies Fingerspitzengefühl, Erfahrung und ein gutes Gespür dafür voraus, *wann* ein Impuls angebracht ist und *wie* dieser gesetzt werden kann. Es geht nicht darum, eine „Show" zu bieten, sondern Raum für Miteinander und Kreativität zu geben.

Vertrauensmissbrauch

Eine weitere Gefahr liegt darin, dass der Vertrauensvorschuss und der zugegeben fragile Raum ausgenutzt wird. Einander glänzen lassen klingt für mich nach einem Ideal. Und dies zu erleben ist ein Geschenk. Was ist aber, wenn dabei bestimmte Rollenmuster manifestiert werden, die wir gerade durchbrechen wollten? Wenn Menschen, die sich eh schon gerne reden hören und sich gerne darstellen, eine noch größere Bühne finden und Menschen, die eh schon immer unterstützen und Helferlein im Hintergrund sind, noch weiter von der Bildfläche verschwinden? Was ist, wenn die Arbeit nur noch von den immer gleichen Personen erledigt wird, da die anderen sich ob der neuen Freiheit immer mehr Freiheit nehmen – doch leider anders als gedacht? Was ist, wenn „Fehler feiern" in eine „Ist mir doch egal Haltung" mündet? Was ist, wenn keiner mehr meint, sich an Absprachen halten zu müssen, weil ja „improvisiert" wird – meine Zusage ist flexibel und die Ausgestaltung auch …

Zugegeben passieren viele der genannten Dinge auch in Jazzbands. Das, was ich beschreibe, ist ein Idealbild. Auch im Jazz gibt es Leute, die nicht zuhören, sich gerne in die erste Reihe drängeln oder verlangen, dass alles nach ihrer Pfeife tanzt und die keine Verantwortung für das Team übernehmen. Und ganz ehrlich – mit solchen Menschen spiele ich nicht mehr. Sie haben vielleicht die Methoden und Werkzeuge der Improvisation verstanden. Aber nicht das grundlegende Mindset. Es ist also enorm wichtig, dieses Mindset vorzuleben und darauf aufbauend anderen zu spiegeln, wo sie Grenzen überschreiten. Sich für andere einsetzen, die (noch) nicht gut für ihre Grenzen sorgen können und immer leiser werden unter dem Einfluss solcher Personen. Und genau das kann angewandte Improvisation stärken. Ein Gefühl für ein gutes, ein menschliches Miteinander, in dem wir aufeinander Rücksicht nehmen und uns für andere einsetzen. Wir sie wertschätzen und sehen.

Es braucht also – trotz aller Freiheit – eine Art Kontrollmechanismus. Und auch hierfür wird es kein Patentrezept geben. Es kann gut sein, diesen Kontrollmechanismus gemeinsam zu überlegen und einzuführen und/oder ihn in die Gruppe zu geben.

Auch wenn durch die Integration von Improvisation in das System Risiken bestehen, kann auch hierin wieder eine Chance liegen. Denn: Improvisation hilft dabei, dieses Verhalten sichtbar zu machen und es zu gestalten, anstatt es im Verborgenen wirken zu lassen.

Kurz und knapp.

Risiken eindämmen

Rollen verdeutlichen
Improvisation heißt nicht, dass es keine Rollen mehr gibt. Im Gegenteil: Sie werden situativ neu gestaltet und reflektiert. Um Machtspiele oder das Ausnutzen von Rollen zu verhindern kann es helfen, Rollen deutlich zu machen: wer nimmt welche Position ein – bewusst oder unbewusst? Wer dominiert? Wer hält sich zurück? Dafür können Improvisationsformate genutzt werden, in denen Rollen getauscht oder überspitzt dargestellt werden. So werden Muster sichtbar und reflektierbar gemacht.

Feedback integrieren
Es braucht Raum für Reflexion. Nicht in Form einer Abfrage, sondern als kollektive Resonanz. Die Feedbackrunden sollten ein „safe space" sein, einen klaren Rahmen haben und (zumindest am Anfang) professionell begleitet werden. Fragen können sein: Wer wurde gehört und wer nicht? Gibt es Personen, die dominant und bestimmend auftreten? Wie hat sich die Situation angefühlt? Wenn Feedback als Teil des Prozesses, Mittel zu Wachstum und kontinuierlichem Lernen anstatt als harsche Kritik verstanden wird, entsteht eine Lernkultur.

Spielregeln etablieren

Angewandte Improvisation arbeitet mit klaren Prinzipien: „andere glänzen lassen", „ja, und ...", „das Ego zurücknehmen". Im Unternehmenskontext braucht es genauso „Spielregeln". Die Frage ist, wie sie festgesetzt werden und wer sie beschließt. Klar ist, dass sie sinnhaft sein müssen.

Format wechseln – Muster durchbrechen

Sollte es der Fall sein, dass sich immer die gleichen Personen in den Vordergrund stellen, helfen bewusste Formatwechsel. Rollenwechsel, nonverbale Kommunikation, Begrenzung der Redezeit ... Ziel ist es, Dominanzen auszugleichen und alle im Team zu fordern sich anders einzubringen.

Führung und Moderation schulen

Gerade wenn Improvisation als Mittel zu Entwicklung gesehen wird, braucht es Moderatoren mit einem guten Gespür für Gruppendynamiken. Sie müssen Fingerspitzengefühl haben und sensibel reagieren können, wenn jemand den Raum zu sehr für sich beansprucht. Gleichzeitig müssen sie dafür sorgen, dass sich andere sicher genug fühlen, überhaupt zu sprechen. Eine gute Führung kann Unterschiede sichtbar machen, ohne sie dabei zu bewerten. So wird Gelegenheit für gemeinsames Lernen geschaffen.

4.8   Was heißt das für Führung?

Wenn wir all diese Fäden zusammenbringen, was für ein Bild von Führung ergibt sich dann daraus? Welche Art von Führung passt zu dem neuen Miteinander und unterstützt Teams dabei, ihr volles Potenzial zu entfalten? Auch hier gibt es keine Antwort für alle Unternehmen und alle Teams. Ganz dem Ansatz der Improvisation folgend, muss die Umsetzung auf dem basieren, was gegeben ist, und darauf, welches Ziel verfolgt werden soll. Doch egal ob es eine Führungskraft gibt oder die Teams vollständig selbstorganisiert arbeiten – einiges ist und bleibt Grundvoraussetzung.

Führung wird sich in einem Improvisationskontext grundlegend verändern. Sie muss nicht zwingend abgeschafft werden, sie wird neu verstanden. Die Rolle ändert sich vom Steuermann zum Rahmengeber, Ermöglicher und aktivem Teilhaber. Es geht nicht mehr darum, dass Pläne perfekt umgesetzt werden, sondern darum, Flexibilität zu fördern, neue Räume zu öffnen und souverän mit Unsicherheit umzugehen.

Eine Führungskraft, die das Improvisations-Mindset verinnerlicht hat, **muss nicht selbst die Lösungen** für unerwartete Herausforderungen **liefern**, sondern **Bedingungen schaffen**, die das Team befähigen, selbst Antworten zu finden. Dies erfordert den Mut, Unsicherheit aushalten zu können und die

Geduld, nicht sofort jede offene Frage in eine Form zu pressen. Durch diese Haltung wird es möglich, wirklich neue Gedanken und Wege zuzulassen.

Ein zentraler Punkt für diese Art der Führung ist das **Zuhören**. Nicht das Zuhören, um den Punkt zu finden, wo die eigenen Ideen untergebracht werden können, sondern ein echtes, aufrichtiges Wahrnehmen dessen, was sich im Moment zeigt. In Worten, Stimmungen, Zwischentönen und der Körpersprache. Diese aktive und präsente Art des Zuhörens trägt dazu bei, dass Impulse überhaupt erst wahrgenommen und aufgegriffen werden und nicht stumpf eine Agenda abgearbeitet wird.

Führung bedeutet im Improvisationskontext und nicht, eine außenstehende Position innezuhaben. Führung ist Teil der Gruppe und des Prozesses.

Schon hier sei die Frage geäußert: Braucht es überhaupt **eine** Person, die führt? Kann Führung in diesem Kontext auch neu gedacht und als Gruppenaufgabe verstanden werden?

Und wieder sind wir bei der Vorbildfunktion: Wenn die Führungskraft experimentiert, sich verletzlich zeigt und bereit ist, eigene Annahmen zur Diskussion zu stellen, signalisiert sie Offenheit. Fehler dürfen geschehen, Entwicklung ist gewünscht und auch die Menschen, die führen, lernen weiter.

> **Frage am Rande:** Wenn selbstorganisierte Teams beschließen, ihr Mindset zu ändern und ihr Miteinander neu zu gestalten, braucht es keine Führungskraft, die vorangeht, oder? Wird es dann nicht erst richtig interessant, weil Wachstum im Austausch, im Prozess und im Einklang mit dem Umfeld geschieht?

Somit wird deutlich, dass sich der Zweck von Führung verändert. Sie zielt nicht auf kurzfristige Performance und das Erreichen festgelegter Quartalsziele ab, sondern auf nachhaltige Entwicklung. Wer das Improvisations-Mindset verinnerlicht, begreift Organisationen als lebendige Systeme, in denen nicht alles planbar ist und das genau in dieser Unplanbarkeit Möglichkeiten liegen. Führung wird in diesem Kontext als Gestalterin von Befähigung, Begleitung und kontinuierlichem Lernen gesehen. Immer mit dem Blick auf das große Ganze.

Wie können Führungskräfte Improvisation im Unternehmensalltag verankern?

Zuallererst muss klar sein, dass die Führungskraft das, was sie fördern und erschaffen möchte, selbst vorleben muss. Die Führungskraft muss also das Mindset verankert haben und es nach außen tragen. Dann schafft sie ein Feld, in dem Improvisation und ein starkes Miteinander wachsen können. Die Führungskraft ist Teil des Teams, die Kultur gilt für alle und wird nicht von oben nach unten „durchgereicht". Das kann bedeuten, sich intensiv mit sich selbst auseinanderzusetzen, Glaubenssätze aufzudecken, zu hinterfragen und über Bord zu werfen, sich außerhalb der Komfortzone zu bewegen und Vertrauen zu haben.

Auch in Fällen, in denen das System wenig Freiraum für Improvisation lässt, liegt es oft in der Hand der Führungskraft, Gestaltungsspielräume im Kleinen zu öffnen. Dafür braucht es einen Überblick, *wo* sich gestalten lässt, und wie der Rahmen für diesen Raum abgesteckt ist. Dafür benötigen die Mitarbeitenden einen sicheren Rückhalt und gleichzeitig das Nudgen in Richtung „Überforderung" – die Führungskraft, die bewusst diesen Raum zwischen sicherem Auffangnetz und der Grenze zur Überforderung gestaltet und dadurch Wachstum ermöglicht. Sie unterstützt also Risikobereitschaft bzw. Experimentierfreude und gibt dabei die Sicherheit, dass Fehler nicht bestraft werden, sondern Teil des Prozesses sind. So wird die Sicherheit der Einzelnen und im Team gefördert.

Um aus den Fehlern auch zu lernen, ist es sinnvoll, dass Feedback- und Lernzyklen etabliert werden. Auch die Führungskraft muss ihre Fehler offen kommunizieren. Teil der Zyklen ist auch, Improvisation sichtbar zu machen und sie so immer weiter ins Bewusstsein zu holen.

Ein Improvisations-Mindset zu verankern, wird Schritt für Schritt gehen. Kleine Impulse, die die Bereitschaft und das Mindset organisch wachsen lassen.

Kurz und knapp.
Was und wie?

Was:
Befähigen statt Vorgeben.
Zuhören – Führung als Dialog.
Biete den Raum. Nicht die Lösung.
Kultiviere eine Haltung. Nicht nur Verhalten.
Entwicklung begleiten.

Wie:
Sei das Beispiel.
(Kleine) Impulse bewusst setzen.
Das Potenzial in Fehlern entdecken.
Mut zur Unvollständigkeit.
Strukturen flexibel gestalten.
Beteiligungsräume schaffen.
Kontinuität statt Aktionismus.

Generell bleibt die Frage, ob es in improvisierenden Organisationen überhaupt Führungskräfte braucht. Können diese Rollen situativ und stärkenbasiert innerhalb des Teams vergeben werden? Es wird auch hier interessant sein, Führung gänzlich neu zu denken und sie möglicherweise als Gruppenaufgabe zu betrachten. Bei der wachsenden Komplexität, der Vielzahl an Themen und dem hohen Tempo kann eine Person allein nicht mehr den Überblick behalten. Die Vision, die Strategie und die Werte des Unternehmens müssen so klar sein, dass sie von allen gelebt und umgesetzt werden können und alle in diesem Sinne handeln. Vermutlich wird es weiterhin einen Kopf brauchen, der diese Vision entwirft und die Werte in das Unternehmen trägt. Und gleichzeitig wird dieser Kopf nicht mehr alleinstehen, sondern in engem Austausch mit dem Körper sein – ganzheitlich.

Literatur

Post-it (o.J.a.) *Die Geschichte der Marke Post-it.* https://post-it.3mdeutschland. de/3M/de_DE/post-it-notes/contact-us/about-us/. Zugegriffen: 08. Mai 2025

Weiterführende Literatur

Barrett, F. (2012). *Yes to the Mess. Surprising Leadership Lessons from Jazz.* Harvard Business Review Press. Boston, Massachusetts.
DWN., (2025). *20 Jahre Google Maps: Wie die virtuelle Karte unseren Alltag verändert hat.* https://deutsche-wirtschafts-nachrichten.de/714057/20-jahre-google-maps-wie-die-virtuelle-karte-unseren-alltag-veraendert-hat . Zugegriffen: 08. Mai 2025
Edmondson, A., (2020). *Die angstfreie Organisation.* Vahlen. München
Hatch, M. J. (1999). *Exploring the Empty Spaces of Organizing: How Improvisational Jazz Helps Redescribe Organizational Structure.* Organization Studies, 20(1), 75–100.
Laloux, F. (2015). *Reinventing Organizations. Ein Leitfaden zur Gestaltung sinnstiftender Formen der Zusammenarbeit.* Vahlen. München.
Laloux, F. (2017). *Reinventing Organizations. Visuell. Ein illustrierter Leitfaden sinnstiftender Formen der Zusammenarbeit.* Vahlen. München.
Madson, P. R., (2005). *improv wisdom. Don´t prepare, just show up.* New York: Bell Tower.
Scheller, T., (2017). *Auf dem Weg zur agilen Organisation. Wie Sie ihr Unternehmen dynamischer, flexibler und leistungsfähiger gestalten.* Vahlen. München.

5

Reprise.

Die Reprise nimmt das Anfangsthema leicht verändert wieder auf.

Zusammenfassung Fassen wir zusammen. Wenn wir auf die bisherigen Kapitel dieses Buches zurückblicken, wird klar: Improvisation ist weit mehr als Spielerei und „Rumwurschteln". Sie ist eine Antwort auf die Herausforderungen dieser Zeit: auf Unsicherheit, Komplexität und Mehrdeutigkeit. In einer Welt, in der Pläne schnell veralten und klare Anweisungen oft nicht mehr möglich sind, wird Improvisation zur Schlüsselkompetenz.

Wir haben gesehen, wie eng Improvisation und Agilität verbunden sind. Bei beidem steht die Haltung im Vordergrund: Flexibilität, den Weg im Gehen entwickeln, aus Fehlern lernen, gemeinsam Lösungen kreieren und das Unvorhersehbare als Teil des Prozesses begreifen.

Dabei haben wir festgestellt, dass psychologische Sicherheit die Grundlage dafür schafft, dass professionelle Improvisation im Team gelingen kann. Durch ein Klima, das von Vertrauen, Offenheit, Respekt und Transparenz geprägt ist. Außerdem verstärken sich angewandte Improvisation und psychologische Sicherheit wechselseitig positiv.

Den dritten Ansatz, den wir mit angewandter Improvisation verwoben haben, war die integrale Organisation. Sie klingt schon fast wie eine Jazzband: Selbstorganisation und Selbstwirksamkeit, die Masken niederlegen und nach einem größeren Ganzen streben – ein aufrichtiges Miteinander.

© Der/die Autor(en), exklusiv lizenziert an Springer Fachmedien Wiesbaden GmbH, ein Teil von Springer Nature 2025
A. Diedrichsen, *Können, was kommt: Mit angewandter Improvisation durch unsichere Zeiten*, https://doi.org/10.1007/978-3-658-49170-3_5

Meiner Meinung nach ist Improvisation kein „neues Tool" moderner Führung, sondern der Kern eines neuen Verständnisses von Miteinander und Zukunftsfähigkeit.

In dem Kapitel, „Reprise", werfen wir einen Blick auf die zentralen Erkenntnisse. Dabei seid ihr eingeladen, selbst zu reflektieren: inwieweit seid ihr bereit, den Sprung ins Unbekannte nicht nur zu wagen, sondern als Chance zu begrüßen?

5.1   Erkenntnisse

Es ist deutlich geworden, was für ein enormes Potenzial angewandte Improvisation und das Mindset Improvisierender für Unternehmen und die Organisationsentwicklung bieten. Dabei sollte Organisationsentwicklung umfassend und ganzheitlich betrachtet werden, da es nicht um das Ansetzen auf rein struktureller Ebene geht, sondern um den Übertrag der angewandten Improvisation von der Einzelperson, über das Team, bis hin zur generellen Ausrichtung des Unternehmens.

Die Haltung Improvisierender ermöglicht eine vertrauensvolle, wertschätzende und offene Kultur, in der sich jeder wohlfühlen und bessere Ergebnisse erzielen kann. Da Entwicklung im Individuum beginnt, muss allerdings eine wichtige Grundvoraussetzung erfüllt sein: die Bereitschaft, sich entwickeln zu wollen.

Die Haltung Improvisierender auf das eigene Denken und Handeln zu übertragen, ist per se schon wertvoll. Es eröffnet neue Perspektiven, ermöglicht einen intensiveren und tieferen Austausch mit anderen und schult den Umgang mit Unsicherheit. Ändern wir als Individuum unsere Haltung, hat dies automatisch Auswirkungen auf das System, in dem wir uns befinden. So kann die Einzelperson (bewusst oder unbewusst) dazu beitragen, dass das Umfeld mitwächst. In diesem Kontext kann es aber auch spannend sein, ob die Wirkung ebenso andersherum funktioniert. Wenn in einem Team ein Rahmen geschaffen wird, der auf der Haltung und den Werten der angewandten Improvisation aufbaut und sie in Prozessen verankert, wird sich dadurch auch jedes Individuum entwickeln. Wachstumsprozesse können sich in beide Richtungen erstrecken: vom Individuum in das Team und von dem Team in das Individuum und wieder in die Organisation.

Angewandte Improvisation setzt an zwei Punkten an: an dem Miteinander (also den Menschen) und an der Zukunftsfähigkeit des Unternehmens (Innovationskraft, Umgang mit Unsicherheit). Gerade für Unternehmen, die in einem VUCA-Umfeld agieren und darauf angewiesen sind, innovativ zu sein, kann professionelle Improvisation ein Faktor sein, der Erfolg und Bestehen am Markt ermöglicht. Dabei bedeutet professionell zu improvisieren für die Unternehmen nicht nur zu reagieren, sondern aktiv und nach vorne gerichtet zu improvisieren. Wenn das Mindset und die Tools auf Unternehmen übertragen werden und sich in Prozessen und Strukturen wiederfinden, kann schneller reagiert und agiert werden und gelernt werden, die VUCA-Welt zu nutzen, anstatt in ihr zu überleben.

Kurz und knapp.

Erkenntnisse im Kurzdurchlauf

- **Improvisation – 80 % Haltung, 20 % Tools**
  Improvisation ist nicht einfach eine weitere Technik, sie ist eine Haltung. Eine Haltung, die Unternehmenskultur prägen kann. Werden nur Improvisationstechniken ohne das dazugehörige Mindset eingesetzt, wird es keine nachhaltige Veränderung geben – die Impulse verpuffen.

- **Strukturen als Spielfeld**
  Improvisation braucht Rahmenbedingungen – klare Werte, ein gemeinsames Zielverständnis und offene, aufrichtige Kommunikation. Strukturen, die Orientierung bieten, stehen nicht im Widerspruch zu Improvisation. Sie ermöglichen Spielraum und Freiheit, wenn sie sinnhaft sind und an die Situation angepasst gedehnt werden können.

- **Psychologische Sicherheit bildet das Fundament**
  Nur dort, wo Menschen ohne Angst vor Gesichtsverlust, Ablehnung oder Sanktionen handeln und sich zeigen können, wird Kreativität und professionelle Improvisation möglich. Führung bedeutet hier, einen sicheren Raum zu schaffen, in dem experimentiert werden darf und in dem Fehler als Lernquelle gesehen werden.

- **Perfect match: Agilität und Improvisation**
  Für beide gilt: Die Haltung ist entscheidend. Anpassungsfähigkeit, den Weg im Gehen entwickeln, Unvorhergesehenes als Chance begreifen und iterativ vorgehen. Qualität entsteht durch das Miteinander, Eigenverantwortlichkeit, Vertrauen, das Zusammenspiel von Flexibilität und Struktur.

- **Jazz meets Business – die integrale Organisation**
  Die integrale Organisation verkörpert alle Prinzipien der angewandten Improvisation. Unternehmen, die ihren Mitarbeitern ermöglichen, sich mit ihrer ganzen Persönlichkeit einzubringen, ein Umfeld, in dem es um die Sache und nicht um das Ego geht.

- **Sicherheit im Umgang mit Unsicherheit**
  Wer professionell improvisieren lernt, lernt, sich souverän in einem unsicheren Umfeld zu bewegen. In der heutigen Zeit eine Fähigkeit, die Individuen und Unternehmen „entspannt". Etwas Ungewohntes wird zum Alltäglichen. Eine Haltung wird etabliert, die dem System sagt: Ich bin sicher, das kenne ich. Es ist kein Notfallprogramm nötig, ich kann auf mein (kreatives) Potenzial zurückgreifen. Je besser Menschen also in der Lage sind zu improvisieren, desto widerstandsfähiger und stabiler werden Organisationen.

Sieben Thesen zum Mitnehmen

1. Führung ist Improvisationskunst.

2. Verlässliche Strukturen und flexible Haltung gehören zusammen.

3. Fehler sind Gelegenheiten zum Lernen.

4. Vertrauen schlägt Kontrolle.

5. Improvisationskompetenz macht Agilität lebendig.

6. Selbstorganisation braucht Mut zur Unsicherheit.

7. Improvisierende Organisationen sind resilient und Innovationsfähig.

5.2   Die Haltung machts – get the Mindset

Wer improvisiert, bewegt sich mit Klarheit und Flexibilität durch Situationen, die neu, unsicher oder widersprüchlich sind. Die Fähigkeit dazu entsteht nicht aus einer bestimmten Technik, sondern aus einer bestimmten Haltung heraus. Es geht dabei nicht darum, Pläne und Regeln zu ignorieren und frei nach Lust und Laune zu handeln, sondern mit Beweglichkeit auf die Gegebenheiten zu reagieren und bestenfalls mit Innovationen selber gestaltend zu werden.

Was zählt

- **Zuhören – aufrichtig und aktiv**
  Es geht nicht darum, abzuwarten, bis man selbst wieder sprechen und den eigenen Punkt anbringen kann. Bleib im Moment und nimm aufmerksam wahr, was gesagt wird und was zwischen den Zeilen noch mitschwingt. Zeige dabei aufrichtiges Interesse und versuche zu verstehen, was der andere meint und was die grundlegende Idee/der grundlegende Wert dahinter ist. Oft sind wir mit unseren Ansichten und Gedanken gar nicht so weit auseinander, wie wir zuerst denken. Wir müssen uns meist nur die Mühe machen, zu verstehen, was die Gründe dafür sind, dass jemand eine bestimmte Meinung hat. Gerade wenn wir eigentlich das gleiche Ziel verfolgen.

- **Anküpfen – statt ablehnen**
  „Ja, und …" statt „ja, aber …" ist die Haltung Improvisierender. Ideen werden allzu oft im Keim erstickt – lasst sie gemeinsam wachsen. Nehmt sie auf, entwickelt sie weiter und ergänzt sie – verwerfen geht immer noch.

● **Dienen und Führen zugleich**

Führung bedeutet für mich, eine Vision zu haben. Es bedeutet nicht, dabei den eigenen Vorteil und kurzfristige Kennzahlen im Sinn zu haben, sondern ein langfristiges und nachhaltiges Ziel zu verfolgen. Führung sollte nicht vorgeben, wie jeder Schritt umzusetzen ist, sondern befähigen, den eigenen Weg zum Ziel zu finden.

Ein Bild, das ich dabei vor Augen habe ist, das Schwimmenlernen meiner Kinder. Wir haben sie nicht einfach ins Wasser gestoßen und gesagt: „Sieh zu, wie du über Wasser bleibst. Die Not wird es dich schon lehren." Genauso wenig haben wir sie ständig festgehalten und jede Bewegung erklärt. Unser Weg war, mit ihnen ins Wasser zu gehen, ihnen Unterstützung wie Schwimmgurte zu geben und ihnen die Grundprinzipien des Schwimmens erfahrbar zu machen. Schritt für Schritt haben wir sie dann mehr herausgefordert, immer mehr Schwimmhilfen entfernt. Dabei wussten sie: Es ist immer jemand da, der sie auffängt, wenn sie nicht mehr können.

Führung bedeutet, zu unterstützen und wachsen zu lassen. Sich selbst in den Dienst der Sache und der Menschen, für die man mit Verantwortung übernimmt, zu stellen. Eine Vision vorgeben und Vertrauen vermitteln. Führende sind Ermächtiger und Wegbereiter. Sie gestalten den Raum zwischen sicherem Auffangnetz und der Grenze zur Überforderung. Hier geschieht Wachstum.

● **Mehrdeutigkeit – es könnte auch anders sein**

Widersprüchlichkeit, Mehrdeutigkeit oder sich ändernde Bedeutungen – alles ist im Fluss und kann sich rasant ändern. Was es braucht, ist Perspektivwechsel – wie könnte es noch sein, was könnte es unter der Voraussetzung bedeuten – und innere Stabilität. Kopfloser Aktionismus oder Erstarren helfen nicht weiter. Es muss klar sein, dass Antworten nicht sofort da sind, dass es unterschiedliche Perspektiven gibt und dass Pläne sich ändern können. Die Sicherheit liegt nicht in den Umständen, sondern in der eigenen Fähigkeit, flexibel und anpassungsfähig zu bleiben.

● **Vertrauen statt Kontrolle**

Es wird bei der rasant wachsenden Komplexität immer unwahrscheinlicher, noch alles unter Kontrolle zu haben. Wirkungszusammenhänge sind nicht mehr vorherzusehen, die Ansprüche und Themenfelder sind so vielfältig, umfassend und spezifisch, dass einzelne Personen nicht mehr den Gesamtüberblick haben können. Wir sind also darauf angewiesen, Kontrolle abzugeben und zu verteilen. Wir müssen vertrauen, dass wir eine „Stoßrichtung" vorgeben, dazu Werte und Rahmenbedingungen vereinbaren und wir Systeme des Austausches und der Eigenverantwortlichkeit schaffen. Keine Systeme mit einer übergeordneten Kontrollinstanz, die alles vorgibt, überprüft und abnimmt.

Das Ziel muss klar sein, der Weg dorthin offen.
Vertrauen in sich selbst und in das Team.
Fehler sind Teil des Lern- und Entstehungsprozesses.
In dem Moment, wo Kontrolle abgegeben wird, können neue und oftmals
  bessere Ideen und Wege entstehen. Und Führung kann ihre Kompetenzen
  da einbringen, wo sie am meisten Wirkung entfaltet und sich nicht in
  der Kontrolle gefangen sieht.

Es werden keine perfekten Antworten benötigt, sondern anpassungsfähige Haltungen. Improvisation sieht in dem Unfertigen, Uneindeutigen und Unvorhersehbaren die Möglichkeiten – und gestaltet sie.

Literatur

Weiterführende Literatur

Barrett, F. (2012). *Yes to the Mess. Surprising Leadership Lessons from Jazz.* Harvard Business Review Press. Boston, Massachusetts.

Edmondson, A., (2020). *Die angstfreie Organisation.* Vahlen. München

Laloux, F. (2015). *Reinventing Organizations. Ein Leitfaden zur Gestaltung sinnstiftender Formen der Zusammenarbeit.* Vahlen. München.

Laloux, F. (2017). *Reinventing Organizations. Visuell. Ein illustrierter Leitfaden sinnstiftender Formen der Zusammenarbeit.* Vahlen. München.

Weick, K. (1995) *Sensemaking in Organizations.* Sage Publications Inc. Thousand Oaks, CA.

6

Outro.

Die Outro dient dazu, das Lied stimmig zu beenden.

Zusammenfassung Wo stehen wir jetzt? Was nehmen wir mit? Und was können wir mit den neu gewonnenen Erkenntnissen anfangen? Wo können wir ansetzen und wie? In diesem letzten Kapitel gibt es was zum Mitnehmen in die Praxis: Es werden drei zentrale Fragen beantwortet: *Was nun?* – Was ist die Ausgangssituation und wie können wir darauf aufbauen? *Wo beginnen?* – Welche Anknüpfungspunkte gibt es im Unternehmen? *Wie beginnen?* – Welche konkreten ersten Schritte bieten sich an, um ein improvisationsfreundliches Umfeld zu schaffen? Lasst uns das Ganze zum Klingen bringen.

6.1 Was nun?

Wo stehen wir gerade? Die Nachrichten möchte man sich kaum mehr ansehen – Schreckensbotschaften überall. Die geopolitische Lage, Umweltkatastrophen, Blackouts, Zunahme von Gewalt. Man könnte meinen, dass die Welt kurz vor dem Untergang steht. Doch was bringt das Schwarzmalen? Es raubt Kraft, lässt uns in eine Starre verfallen und noch mehr Hoffnungslosigkeit und Elend sehen. Wenn wir uns auf bestimmte Dinge konzentrieren, nehmen wir sie stärker wahr.

Deshalb sollten wir unseren Blick verändern. Nicht indem wir das Schwere verdrängen oder so tun, als ob es nicht da ist, sondern indem wir uns bewusst auf das Gute konzentrieren. Die Hilfsbereitschaft, die wir erfahren. Auf die Schönheit und die wunderbaren Dinge unserer Welt. Auf das, was gut funk-

83

A. Diedrichsen, *Können, was kommt: Mit angewandter Improvisation durch unsichere Zeiten*, https://doi.org/10.1007/978-3-658-49170-3_6

tioniert. Wir werden dadurch ruhiger und dankbarer. Gleichzeitig entdecken wir immer mehr Dinge, die uns darin unterstützen, positiv zu denken. Wenn wir unser Gehirn den ganzen Tag mit negativer Energie und Schreckensmeldungen füttern, führt das zu enormer Anspannung – und gleichzeitig zur Lähmung. Denn wo soll man bei dieser Flut und Hoffnungslosigkeit überhaupt noch ansetzen?

Wenn wir aber den Blick ändern, können wir etwas verändern. Wir bleiben beweglich, sehen Möglichkeiten und nehmen positive Entwicklungen wahr. Und Improvisation hilft uns dabei. Sie hilft uns, ein wertschätzendes Miteinander aufzubauen, in dem jeder wirkungsvoll sein kann. Sie hilft uns, kleine Dinge wahrzunehmen und anzunehmen. Sie hilft uns nicht in Starre zu verfallen, sondern auch in Zeiten großer Unsicherheit beweglich zu bleiben.

In vielen Unternehmen ist der Fachkräftemangel ein großes Thema. Aber anstatt zu überlegen, was man vor Jahren anders hätte machen müssen, ist ein Perspektivwechsel gefragt: Gehen wir einen Schritt zurück und fragen uns erneut: Wo wollen wir hin? Was steht uns dafür zur Verfügung? Haben wir wirklich schon das volle Potenzial ausgeschöpft oder verrennen wir uns in dem Gedanken, dass nicht genug Unterstützung und Expertise vorhanden ist? Wenn acht von zehn Mitarbeitenden innerlich gekündigt haben, dann haben wir zwar zehn Menschen am Arbeitsplatz, aber nicht einmal die Arbeitskraft von fünf Personen zur Verfügung. Es ist dann doch naheliegend, im ersten Schritt zu überlegen, wie das vorhandene Potenzial aktiviert werden kann, anstatt nach neuen Leuten zu suchen, die dann ebenfalls nach einiger Zeit demotiviert sind. Auch die Erhöhung des Renteneintrittsalters und der Arbeitszeit sind keine Lösungen des Problems. Wir müssen viel grundsätzlicher darüber nachdenken, wie vorhandene Potenziale aufgedeckt und gefördert werden können.

Menschen wollen wirksam sein und wahrgenommen werden. Angewandte Improvisation wird nicht nur dabei helfen können, ein Umfeld zu schaffen, in dem sich Mitarbeitende mit ihrem Unternehmen identifizieren und sich gerne einbringen. Sie kann unter dem gleichen Aspekt dazu beitragen, dass Krankentage und Kündigungen reduziert werden. Denn die Faktoren, die zu Krankmeldungen führen, gerade auch langandauernden und/oder psychisch bedingten, sind unter anderem Ausgebranntheit, permanente Unzufriedenheit, Überforderung oder ständige Angst. In einer Umgebung, in der Angst dominiert – Angst vor Konsequenzen, Angst vor Veränderung, Angst vor Abwertung und Zurückweisung – wird kein Wachstum stattfinden. Schränkt man Menschen stark ein und lässt sie in Angst leben, nimmt man ihnen auch die Möglichkeit zu wachsen, sich zu entwickeln und Neues zu entdecken. Dann ist die Wahrscheinlichkeit groß, dass sie krank werden oder sich gleich ein neues Umfeld suchen und den Arbeitsgeber wechseln. Für Unternehmen ist es jedoch enorm wichtig, dass Mitarbeitende gehalten werden, denn jeder Weggang bedeutet einen Verlust an erlerntem Wissen, das zeit- und kostenintensiv erst wieder neu aufgebaut werden muss.

Was sind also die wichtigsten Faktoren, die dazu führen, dass Mitarbeitende ihrem Unternehmen treu bleiben? Ein Schlüsselfaktor ist psychologische Sicherheit. Dort, wo Menschen sich sicher fühlen und es ihnen möglich ist, sich zu zeigen, bleiben sie gerne. Fehlen allerdings Impulse, die anregen und Wachstum ermöglichen, wird auch das bloße Verweilen in der Komfortzone zu Unzufriedenheit führen. Es geht also um die richtige Balance zwischen Sicherheit und Herausforderung, um ein gesundes Arbeitsumfeld und die Verbundenheit der Mitarbeitenden zu ihrem Unternehmen nachhaltig zu fördern.

Unsicherheit kann zum Erstarren führen und eine enorme psychische Belastung sein. Da angewandte Improvisation den Umgang mit Unsicherheit trainiert und eine andere Sichtweise auf Unvorhergesehenes, Unerwartetes und Veränderungen bietet, verlieren diese Dinge an Bedrohlichkeit. Ein weiterer Aspekt, der zur Verringerung des Stresslevels und somit zur Gesunderhaltung beiträgt.

Das Konzept der Angewandten Improvisation im Unternehmenskontext bringt zum Ausdruck: Improvisation ist kein Fehler im System und auch kein Notnagel, sondern ein lebendiger Teil davon. Sie ist das, was Systeme anpassungsfähig, Menschen handlungsfähig und Teams resilient macht – gerade dann, wenn Pläne an ihre Grenzen stoßen.

Was ist nun zu tun? Entscheide dich jetzt! Wir müssen weg von Kontrolle und hin zur gemeinsamen Gestaltung. Man muss nicht gleich alles auf den Kopf stellen – vielmehr geht es darum, dem Unternehmen durch Präsenz, Vertrauen und Flexibilität neues Leben einzuhauchen.

Die Frage sollte also nicht mehr lauten, ob improvisiert wird, sondern *wie bewusst* etwas getan wird. Führung wird somit auch zu einer Kunst der Rahmensetzung. Nicht durch engmaschige Vorgaben, sondern durch das Schaffen von Spielräumen. Wer mit dem Mindset Improvisierender führt, setzt auf Klarheit im Ziel und Offenheit in der Gestaltung des Weges. Irritation, Überraschung und Fehler sind erlaubt, ohne dass die Führung dabei den Blick für das große Ganze verliert.

„Was nun?" ist keine Aufforderung zur radikalen Veränderung, sondern zu einer bewussten Entscheidung: Möchte ich in meinem Einflussbereich ein Klima schaffen, das Fehler als Lernquelle und Potenzial begreift, das wirklichen Austausch ermöglicht und Eigeninitiative und -verantwortung fördert? Wenn ja, dann beginnt Improvisation jetzt. Mit deiner Haltung.

6.2   Wo beginnen?

Angewandte Improvisation im Unternehmen einzuführen, erfordert nicht zwingend ein großes Transformationsprojekt. Es geht vielmehr darum, bestehende Räume, Prozesse und Rituale bewusst zu nutzen, um etwas Neues einzubringen: mehr Lebendigkeit, mehr Resonanz, mehr Vertrauen in das, was entsteht. Die Kunst liegt nicht darin, überall gleichzeitig zu beginnen, sondern an den Stellen anzusetzen, wo Offenheit spürbar und Wirksamkeit möglich ist.

Ein möglicher Anfang liegt in der Kommunikation. Wie wird miteinander gesprochen? Wer redet in Meetings und wer schweigt? Wird aktiv zugehört oder vertritt jeder nur seinen Standpunkt? Gibt es Raum für ehrliche Reaktionen, Spontanität und gemeinsames Weiterdenken? Allein die Einladung für mehr Austausch auf Augenhöhe kann ein Zeichen setzen.

Ein zweiter Hebel ist die Zusammenarbeit in Teams. Hier lassen sich die Prinzipien der angewandten Improvisation wie „Ja, und …" oder „Tadaa – lasst uns Fehler feiern!" spielerisch ausprobieren. Zunächst in kleinen Schritten, etwa in Retrospektiven, Meetings oder Entscheidungsprozessen. Dafür braucht es keinen Workshop-Marathon – manchmal reicht ein neuer Impuls im richtigen Moment, um Veränderung anzustoßen.

Führungskultur selbst ist ein kraftvoller Startpunkt. Wie werden Entscheidungen getroffen? Wie viel Raum haben die Mitarbeitenden, um selbst zu gestalten? Was darf ausgesprochen werden? Wer als Führungskraft beginnt, sich selbst als Teil eines improvisierenden Systems zu verstehen, öffnet die Tür für andere. Denn wer mutig vorangeht – ohne perfekte Lösungen und bereit zum Austausch – schafft ein Vorbild für eine neue Art des Miteinanders und des Umgangs mit Unsicherheit und Komplexität.

*   *   *

Henne oder Ei – wo sollen wir ansetzen? Ich bin der Meinung, dass wir zuerst bei uns selbst anfangen müssen. Die gute Nachricht ist: Es braucht weder einen perfekten Plan noch einen Master in Improvisation, um zu starten. Es braucht lediglich die Bereitschaft, sich auf diesen neuen Weg einzulassen, Gewohnheiten und Gegebenheiten zu hinterfragen und das *Wo* bewusst zu wählen.

Zunächst ist es hilfreich, eine **Standortbestimmung** vorzunehmen: Wo stehen wir aktuell – sowohl als Einzelperson als auch als Organisation? Auf welchem Readiness-Level sehen wir uns? Wie ausgereift und detailliert sind unsere Prozesse? Und wo würden wir uns auf einer Skala zwischen Freejazz-

Combo und Sinfonieorchester einordnen? Darauf folgt die **Zielbestimmung**: Wo wollen wir hin? Wie soll unser Zusammenspiel zukünftig klingen – und vor allem: Wozu? Welchem übergeordneten Sinn dient unser Handeln, unser Wandel, unser Zusammenspiel? Auf dieser Grundlage lässt sich eine **Roadmap** entwickeln – nicht als starre Abfolge von Schritten, sondern als flexibler, zyklischer Prozess. Ganz im Sinne der Improvisation.

6.3   Wie beginnen?

Improvisation beginnt nicht mit einem fertig ausgearbeiteten Konzept, sondern mit einem mutigen ersten Schritt – oft klein, manchmal irritierend, bestenfalls immer bewusst. *Wie* wir beginnen, entscheidet darüber, ob sich neue Denk- und Verhaltensweisen nachhaltig etablieren und entfalten können und ob andere mit uns mitgehen.

Damit im Unternehmen ein guter Start für das Thema angewandte Improvisation gelingt, braucht es vor allem eines: die bewusste Einladung zum Ausprobieren. Das bedeutet, einen sicheren Rahmen zu schaffen, in dem Fehler machen dazu gehört und als Quelle für Lernen und Innovation gesehen wird. Einen Raum, in dem Ideen und Impulse nicht gleich bewertet, sondern aufgegriffen und weiterentwickelt werden. Ein Umfeld, in dem nicht nur „was", sondern auch „wie" gefragt wird – im Sinne von „wie hat sich das für dich angefühlt?" oder „was können wir tun, um gemeinsam weiterzugehen?"

Für den Anfang im Team eignen sich kleine Impulse mit klarer Signalwirkung:

- Das Meeting statt mit der gewohnten Agenda mit einem offenen Start beginnen. Mit Fokus auf Zuhören, Wahrnehmen und Präsenz.

- Statt stiller Erwartung oder dem Anspruch auf Perfektionismus die Einladung spontane und unfertige Gedanken zu äußern.

- Das lässt sich gut verbinden mit „ja, und …" – es wird nicht bewertet, sondern darauf aufgebaut.

- Und: Reflexion. Hat sich etwas geändert? Haben wir es geschafft, Gewohnheitsmuster zu durchbrechen? Kamen durch die Impulse neue Ideen und Perspektiven auf?

Wer Improvisation in der Kultur verankern will, beginnt nicht mit dem perfekten Format. Es beginnt mit einer veränderten Haltung: mehr Offenheit, mehr Kontrollabgabe, mehr Vertrauen, mehr Neugier und mehr Mut zu Unschärfe. Es ist keine Frage des Wissens, sondern des Machens – der Weg entsteht im Gehen.

> **Tipp**
>
> Beginnt dort, wo ihr selbst Resonanz spürt. Dort, wo ihr euch bewegen und verändern wollt und neugierig seid. Wo wollt ihr den ersten Akzent setzen? Der erste Ton muss nicht perfekt sein – aber authentisch. Der Rest wird im Zusammenspiel folgen.

6.4   Üben, üben, üben

Das Sprichwort „Es ist noch kein Meister vom Himmel gefallen" gilt natürlich auch bei der Improvisation. Um in der Musik improvisieren zu können, braucht es zunächst die handwerklichen Fähigkeiten auf dem Instrument, dann musiktheoretisches Wissen, ein breites Spektrum an Klangvorstellungen und Erfahrungen im Zusammenspiel. Ein intuitiver und selbstverständlicher Umgang mit diesen Fähigkeiten, die den Musiker im Moment auf all sein Wissen und Können zugreifen lassen, bedarf also jahrelanger Übung. Auch wenn in dem Buch gezeigt wurde, dass es niedrigschwellige Möglichkeiten zum Implementieren von Improvisation und dem Mindset gibt, sollte klar sein, dass sich nach dem Lesen das neue Mindset sofort durchsetzt und alles um- und einsetzbar ist. Vielmehr handelt es sich um einen Prozess, denn die Fähigkeit zur Improvisation muss sich erst entwickeln – wie beim Erlernen einer Fremdsprache. Vokabeln, Grammatikregeln, Satzbau: Bis zum flüssigen Sprechen ist viel Übung erforderlich.

Es heißt also: üben, üben, üben.

Vielleicht ist es am einfachsten, bei sich selbst anzufangen und dann andere mit „anzustecken". Denn immer wenn wir uns selbst verändern, verändert sich auch das Umfeld, in dem wir uns bewegen. Wir können andere nicht entwickeln – wir können nur Impulse und Angebote für Entwicklung geben.

Einige praktische Übungen haben wir im Buch schon kennengelernt, beispielsweise einen Tag „ja, und .." sagen, den Dankbarkeitsmuskel trainieren, etwas Neues entdecken. Hier noch einige kleine Anregungen, die ihr ergänzend dazu ausprobieren könnt.

Tadaa – Fehler feiern.

Ziel.
Fehlerkultur verinnerlichen.

So geht's.

Geht etwas schief, neigen wir oft dazu, uns kleinzumachen. Dies ist deutlich in der Körpersprache zu beobachten: Der Kopf wird eingezogen und die Schultern hängen gelassen. Gleichzeitig wird im eigenen Kopf die Stimme des inneren Kritikers laut, wir fluchen und suchen vielleicht nach Ausflüchten oder Schuldigen.

Probiere doch mal stattdessen bei Missgeschicken oder Fehlern fröhlich: „Tadaa!" zu sagen. Und mach dich groß: den Rücken gerade strecken, am besten Arme nach oben reißen.

Beobachte, wie du dich dabei fühlst. Wie geht es dir danach? Was verändert sich im Vergleich zum bisherigen Umgang mit Fehlern? Was passiert mit deiner Motivation? Wie verhält es sich mit deiner Stimmung? Was hast du aus deinem Missgeschick gelernt und welche Möglichkeiten ergeben sich daraus?

Effekt.

Du bleibst im Moment, anstatt dich an dem Fehler „festzubeißen" und in eine „Oh Gott, oh Gott-Negativschleife" zu geraten. Du beginnst, Fehler als Chance zu begreifen und gleichzeitig die Verantwortung zu übernehmen. Du schaffst ein Umfeld, in dem über Fehler gelacht und gesprochen werden darf. Viel angenehmer und hilfreicher als Scham und Vertuschung.

Gewohnheiten ändern.

Ziel.

Perspektivwechsel/Hinterfragen/Bewusst machen, alt eingetretene Pfade verlassen, Alternativen entdecken, neugierig bleiben.

So geht's.

Finde Dinge oder Abläufe im Alltag, die du „immer so machst". Sei es der Weg zur Arbeit, die Gerichte, die du kochst, dein Morgenritual, die Reihenfolge, in der du dich anziehst. Welche anderen Wege findest du zur Arbeit – worin unterscheiden sie sich, was kannst du entdecken, was ist dir bisher noch nie aufgefallen? Kannst du denselben Weg auf eine andere Art wählen? Mit dem Rad statt dem Auto? Zu Fuß statt mit dem Bus? Frage dich dabei, warum du den Weg bisher immer gewählt hast – Gewohnheit oder bewusste Entscheidung? Ist dieser Weg in deiner jetzigen Situation noch passend? Gehe mit anderen in den Austausch und frage, wie sie etwas machen. Und warum. Probier's aus.

Effekt.

Du kannst dich neu entscheiden und einmal bewusst hinterfragen, ob du Sachen so machst, weil du sie immer so machst oder weil du sie genau so machen möchstest. Du kannst dieselben Sachen machen und dabei neue Dinge wahrnehmen. Viel zu oft funktionieren wir im Autopilotmodus und wissen gar nicht mehr, ob wir das wirklich noch wollen oder nur in alten Mustern funktionieren. Improvisation heißt, im Moment zu sein und neue Wege zu finden. Das kannst du leicht probieren.

Assoziationsketten.

Ziel.
Spontanität und Akzeptanz fördern.

So geht's.
Nimm ein beliebiges Wort und schreibe oder sage ohne zu Überlegen zehn Begriffe, die dir spontan dazu einfallen. Nicht stoppen, nicht bewerten. Nur fließen lassen.

Effekt.
Sehr oft zensieren wir uns selbst. Beobachte, wann dir das passiert. Wann unterbrichst du? Improvisation heißt das zuzulassen, was kommt. Und darauf aufzubauen.

Charaktere spielen.

Ziel.
Perspektivwechsel, Empathie und Flexibilität fördern.

So geht's.
Nimm dir einen Alltagsgegenstand (z. B. deine Haarbürste) und erfinde einen Charakter dazu. Du hast dafür 60 Sekunden Zeit. Wie fühlt sich der Gegenstand, welche Haltung hat er und mit welcher Stimme spricht er? Vielleicht fällt dir auch noch eine Hintergrundgeschichte zu ihm ein?

Effekt.
Betrachte die Welt mit anderen Augen – wir nehmen oft an, dass wir alle etwas gleich erleben und wahrnehmen. Tatsächlich ist das nicht so. Jeder von uns empfindet und bewertet Situationen unterschiedlich. Denn jeder kommt mit seinem ganz eigenem Wesen, der eigenen Geschichte, den eigenen Stärken und den eigenen Verletzungen. Die Übung hilft auf spielerische Weise, sich in „andere" hineinzudenken. Probiere es auch gerne mal mit deinem Gegenüber aus. Und anstatt nur in deiner Vermutung zu bleiben, frage nach: Wie fühlt sich das für dich an, was nimmst du wahr? Es gibt kein falsch und

kein richtig, wie sich jemand fühlt. Und wenn wir miteinander reden und einander verstehen können, werden wir vielleicht entdecken, warum jemand so empfindet und wie wir gemeinsam einen Umgang damit finden können.

Wahrnehmen statt bewerten.

Ziel.
Unterbewusste Verhaltensmuster an die Oberfläche holen. Lernen zu entscheiden, wie du reagieren möchtest.

So geht's.
Etwas passiert dir, jemand sagt etwas und du merkst – du könntest aus der Haut fahren. Du wirst wütend. Statt dich für dein Gefühl zu schämen, deiner Wut Luft zu machen oder sie hinunterzuschlucken versuche Folgendes: Betrachte sie als etwas Spannendes. „Das ist ja interessant" – sei neugierig. Was für ein Gefühl liegt darunter? Welcher Knopf wird bei dir gedrückt? Welche Verletzung ist noch nicht geheilt, die gerade getriggert wurde? Was war vorher schon los, dass du so reagierst? Bewerte deine Emotionen nicht, sondern begegne ihnen neugierig.

Effekt.
Dadurch, dass du deine Gefühle so bewusst wahrnimmst und ohne Bewertung betrachtest, kannst du ihnen die „Ohnmacht" nehmen. Manchmal werden wir von unseren Gefühlen überrannt und reagieren in Verhaltensmustern, die vielleicht gar nicht mehr zu uns, sondern zu unserem verletzten inneren Kind gehören. Jetzt hast du die Möglichkeit, bewusst zu entscheiden: Will ich so reagieren? Dann los. Oder möchte ich dieses Mal eine andere Reaktion wählen. Spannend, was dann passiert. Denn so lösen sich nicht nur Schleifen in dir, sondern ganze eingespielte Reaktionsketten, in die wir sonst leicht, beispielsweise mit unserem Partner, verfallen.

*   *   *

Du willst nicht alleine starten? Dann sind hier noch Übungen, mit denen ihr zu zweit oder im Team loslegen könnt:

Erfinde ein Sprichwort.

Ziel.
Nicht bewerten, im Moment sein, auf dem aufbauen, was da ist.

So geht's.
Eine Person startet mit dem Wörtchen „wenn". Danach ergänzt jeder reihum ein Wort. Solange, bis jemand das Gefühl hat, dass es Zeit für einen „Punkt" ist und „Ende" sagt. Daraufhin wird (wenn möglich) das Sprichwort im Ganzen wiederholt und von allen zustimmend genickt und bedeutsam „ja, ja, ja" gemurmelt. Es sollte grammatikalisch einen Sinn ergeben und gleichzeitig nicht vorweg geplant oder zensiert werden. Sinnfrei, lustig, tiefgründig – alles ist möglich.

Effekt.
Gemeinsames Lachen, nicht bewerten, im Moment sein, Zuhören trainieren.

Gesten-Memory.

Ziel.
Genaues Wahrnehmen, präsent sein.

So geht's.
Eignet sich gerade zum Abschluss eines Tages oder eines Workshops. Setzt euch ein Ziel, wie viele Gesten ihr erraten wollt, beispielsweise 15. Hat eine Person eine Idee, steht sie auf und imitiert eine Person – das kann eine bestimmte Geste sein, eine spezifische Stelle, an der die Person stand oder etwas gemacht hat. Ohne zu reden. Es geht um Körperhaltung, Bewegung und wo im Raum etwas stattgefunden hat. Die, die gerade nicht vorführen, können raten, welche Person imitiert wurde. Insgesamt gibt es drei Versuche. Klar muss hierbei sein, dass es sich um einen geschützten, vertrauensvollen Raum handelt, in dem niemand lächerlich gemacht wird.

Effekt.
Es ist sehr spannend zu sehen, wer wie beobachtet und wahrnimmt. Was dem Einzelnen im Gedächtnis bleibt. Wie wir Spuren hinterlassen und den Raum prägen, auch wenn wir nicht mehr an der Stelle stehen.

Ich bin ein …

Ziel.
Kreativität und Spontanität.

So geht's.
Eine Person beginnt z. B. mit: „Ich bin ein Auto!". Dann ist die nächste Person an der Reihe und geht darauf ein: „Ich bin die Straße, auf der du fährst." – und so weiter, bis fünf Figuren genannt wurden. Reflektiert danach, wer welche Rolle eingenommen hat – unterstützend, verbindend, passiv, aktiv …

Effekt.

Annehmen, was ist, nicht zensieren oder bewerten und angeregt werden zu gucken, in welche Rolle man sich begibt. Ist es tendenziell immer die gleiche oder wechselt sie?

*   *   *

Dies ist nur ein erster Aufschlag – es gibt noch viele weitere Übungen. Besser ist natürlich noch: Werdet selbst kreativ! Improvisation möchte trainiert und geübt werden. Am besten mit viel Freude und Neugier. Es braucht keine Bühne, keine Musik- oder Schauspielausbildung und kein Publikum – nur die Lust, sich auf Unerwartetes einzulassen. Gerade wenn du mit anderen gemeinsam übst, wirst du feststellen, dass relativ schnell etwas entsteht, das weit über das Spiel hinausgeht.

6.5   Fine.

Ich hoffe, dass der Funke übergesprungen ist und Lust und Neugier geweckt sind, die Prinzipien der angewandten Improvisation nicht nur zu verstehen, sondern sie im eigenen Kontext erlebbar zu machen.

Improvisation dient nicht dem Selbstzweck. Sie entfaltet ihre wahre Stärke dort, wo sie zu etwas Größerem beiträgt. Wie in Abb. 6.1 dargestellt, ist sie ein wirksames Element auf dem Weg zu übergeordneten Zielen. Etwa zur *Anpassungsfähigkeit*, die im organisationalen Kontext eng mit Zukunftsfähigkeit verknüpft ist. Diese entsteht jedoch nicht allein durch Improvisation: Sie benötigt unterstützende Strukturen, klare Zwischenziele, und ein Umfeld, das Vertrauen ermöglicht und erhält.

Was sich in diesem Buch gezeigt hat: Die Grundwerte der angewandten Improvisation – Vertrauen, das Zurücknehmen des Egos, die Fehlerkultur, das Annehmen dessen, was ist und das Bewusstsein, Teil eines größeren Ganzen zu sein – bilden ein gemeinsames Fundament. Sie stärken Zusammenarbeit, schaffen ein belastbares Miteinander, und fördern die Fähigkeit, auch in Unsicherheit handlungsfähig zu bleiben. Diese Haltung steht Menschen wie Organisationen gleichermaßen gut. In einer Welt, die sich kontinuierlich wandelt, wird Zukunftsfähigkeit nicht allein durch Pläne erreicht, sondern durch Menschen und Organisationen, die gemeinsam improvisieren können – professionell, bewusst und auf einem gemeinsamen Wertegerüst basierend.

Angewandte Improvisation trägt dazu bei, das Miteinander positiv zu gestalten, Teams zu stärken und Menschen sowie Organisationen für die Herausforderungen der heutigen Zeit zu wappnen.

Los geht's!

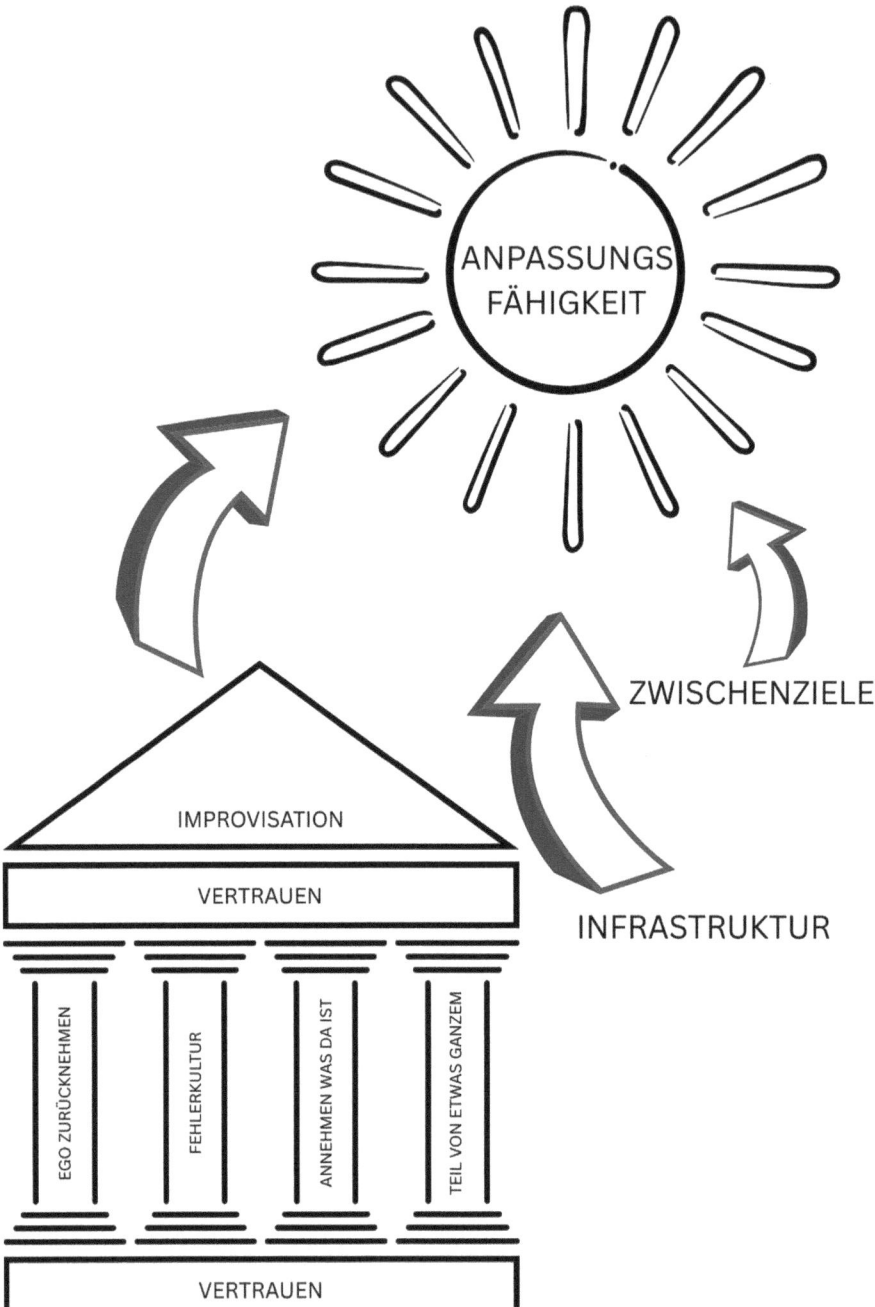

Abb. 6.1 Improvisation als Mittel der Zielerreichung. (Quelle: Eigene Darstellung)

MIX
Papier aus verantwortungsvollen Quellen
Paper from responsible sources
FSC® C105338

FSC
www.fsc.org

If you have any concerns about our products,
you can contact us on
ProductSafety@springernature.com

In case Publisher is established outside the EU,
the EU authorized representative is:
Springer Nature Customer Service Center GmbH
Europaplatz 3, 69115 Heidelberg, Germany

Printed by Libri Plureos GmbH
in Hamburg, Germany